LA HOJA DE RUTA FISCAL Y FINANCIERA PARA LOS ESPAÑOLES EN EE.UU.

PETER DOUGHERTY

La hoja de ruta fiscal y financiera para los españoles en EE.UU.

ISBN: 979-8-9906128-0-8

Published by Dougherty Market Expansion LLC

Library of Congress Control Number: 2024908267

ÍNDICE

INTRODUCCIÓN

DENTRO DE LOS LUGARES tradicionales para dar propina, como los restaurantes o los taxis, los españoles frecuentemente reciben su primera sorpresa en EE.UU. Muchas industrias —en particular las de hostelería y restauración— ahora incorporan las propinas en las cuentas de los clientes. Este fenómeno se conoce como «*tipflation*[1]».

Incluso muchos estadounidenses sienten que hoy en día se les pide que den propina con demasiada frecuencia y en demasiadas circunstancias. Se llama «*tip fatigue*» (fatiga por propinas). Algunos culpan al coronavirus; muchos americanos se volvieron más generosos con las propinas en los primeros días de la pandemia, y utilizaron esta práctica para ayudar a los trabajadores de servicios. La pandemia ayudó a extender las propinas a servicios que tradicionalmente no las reciben. Otros culpan a las empresas que las aprovechan para no tener que pagar tanto a sus trabajadores.

Fue al final de la guerra de Secesión, cuando Estados Unidos se vio inundado de inmigrantes y exesclavos, que se popularizó la costumbre estadounidense de dar propina. Los empleadores aprovecharon esta afluencia de trabajadores «con poca educación y de bajos ingresos» y los contrataron para trabajos en los que pagaban muy poco, alentando a los clientes a dar propinas como complemento a los salarios. Esto transfirió la responsabilidad de pagar a los trabajadores a los clientes y redujo los costos de los empleadores.

---

[1] Juego de palabras en inglés entre *tip* («propina») e *inflation* («inflación»).

Actualmente, 167.426 españoles viven en Estados Unidos (según el INE). Es la cuarta mayor concentración de españoles en cualquier país fuera de España. El susto relacionado con las propinas no suele ser la última sorpresa para ellos. Los dos propósitos de este libro son: por una parte, proporcionar las claves que sirvan de ayuda a estas personas y por otra, satisfacer la curiosidad de todo aquel que esté interesado en acercarse al mundo estadounidense sin salir de casa. De esta forma, el presente libro consta de las siguientes características útiles: gráficos explicativos, analogías, y glosarios para que el lector pueda comprender sin gran esfuerzo los conceptos desconocidos hasta entonces.

EL PANORAMA FINANCIERO

EN EL MERCADO ESTADOUNIDENSE de servicios financieros, existe una amplia variedad de instituciones específicas que ofrecen diversos productos, préstamos e inversiones, entre otros. Si bien algunas instituciones financieras se centran en brindar servicios y cuentas para el público en general, es más probable que otras atiendan solo a ciertos consumidores con ofertas más especializadas. Para saber qué institución financiera es la más adecuada para atender una necesidad específica, es preciso conocer los diferentes tipos de instituciones y sus propósitos:

RETAIL Y COMMERCIAL BANKS

Tradicionalmente, los bancos con clientes minoristas ofrecían productos a consumidores individuales, mientras que los bancos comerciales trabajaban directamente con las empresas.

Los productos que se ofrecen en los bancos comerciales y minoristas incluyen, entre otras muchas opciones; certificados de depósito (CDs), cuentas corrientes y de ahorro, préstamos personales e hipotecarios, tarjetas de crédito y cuentas bancarias comerciales.

CREDIT UNIONS

Una cooperativa de crédito (más comúnmente conocida por su término en inglés *Credit Union*) es un tipo de institución financiera sin fines de lucro que brinda servicios bancarios tradicionales. Son los propios miembros quienes la han creado y operan a través de ella, siendo al mismo tiempo sus propietarios. Si quisiéramos trasladar las cooperativas de crédito al panorama español, podríamos decir que su análoga sería la antigua Caja de Ahorros.

Históricamente, las cooperativas de crédito solían atender a un grupo demográfico específico y compartido. Los puntos en común pueden basarse en el área geográfica, el empleador, o la membresía en otro grupo diferente. Hoy en día, muchos han relajado las restricciones de membresía y están abiertos al público en general con requisitos mínimos, como por ejemplo unirse a una organización sin fines de lucro por una pequeña tarifa.

Las cooperativas de crédito no cotizan en bolsa y únicamente necesitan ganar un mínimo de dinero para seguir funcionando, por lo que a menudo pueden ofrecer tarifas reducidas y mejores tasas de interés que los bancos.

MORTGAGE COMPANIES

Las instituciones financieras que se especializan en originar o financiar préstamos hipotecarios son compañías hipotecarias. Las compañías hipotecarias se centran exclusivamente en la concesión de préstamos y buscan financiación en instituciones financieras que proporcionan el capital para las hipotecas.

Actualmente, muchas compañías hipotecarias operan en línea o tienen sucursales limitadas, lo que permite costos y tarifas hipotecarias más bajas.

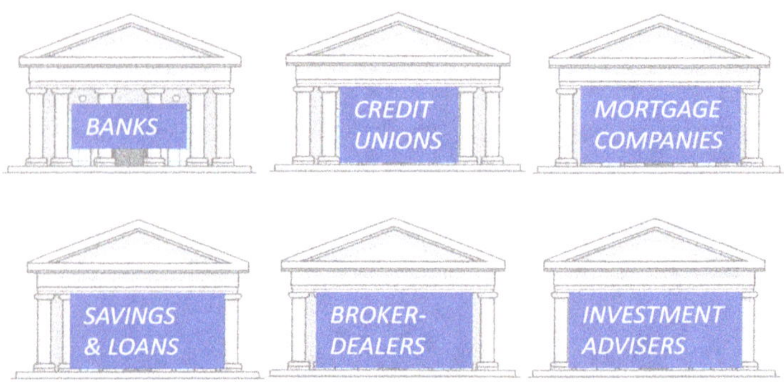

Las empresas de servicios financieros en EE.UU.

SAVINGS & LOANS (S&L) ASSOCIATIONS

Savings & Loans ofrecen a los consumidores individuales muchos de los mismos servicios que un banco (cuentas corrientes y préstamos personales), pero se centran más en ofrecer hipotecas residenciales. Normalmente, son propiedad de sus clientes o de la comunidad y están obligadas por ley a producir una cierta cantidad de préstamos garantizados por bienes raíces residenciales.

BROKER-DEALERS

Un corredor de bolsa (*Broker-Dealer* en inglés), es una persona o empresa que se centra en la compra y venta de valores, tanto para sus clientes (esa es la parte del «bróker») como para sí misma (la parte del «dealer»).

Los empleados de un *Broker-Dealer* reciben el nombre de *Agents* («agente» en español): es un profesional que trabaja para el *Broker-Dealer* y cuya remuneración se basa en la ejecución de transacciones de valores. Se les paga por generar actividad. Cuando un cliente compra acciones, el agente gana una comisión. Cuando el cliente vende esas acciones, el agente gana una comisión. Cabe destacar que ninguna comisión se basa en si el cliente ganó dinero o no en dichas transacciones de acciones.

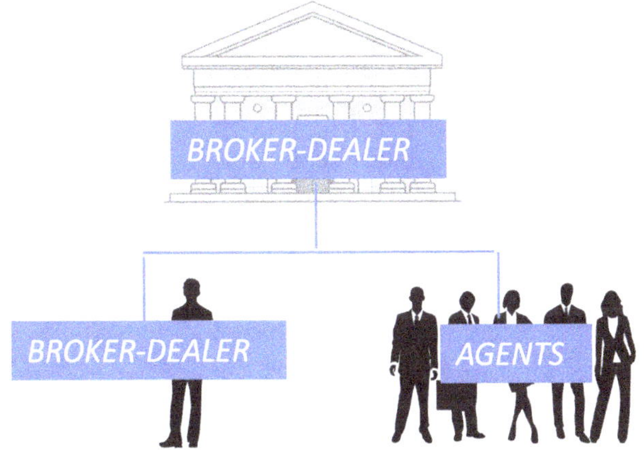

Broker-Dealer puede ser una persona o una empresa.

INVESTMENT ADVISERS

Un asesor de inversiones (*Investment Adviser* en inglés) es un servicio financiero que brinda asesoramiento de inversiones sobre valores y/o proporciona servicios de gestión de carteras. Su compensación a menudo se basa en un porcentaje de los activos que se gestionan. Puede ser una empresa o simplemente una persona, aunque se utiliza el mismo término para ambos.

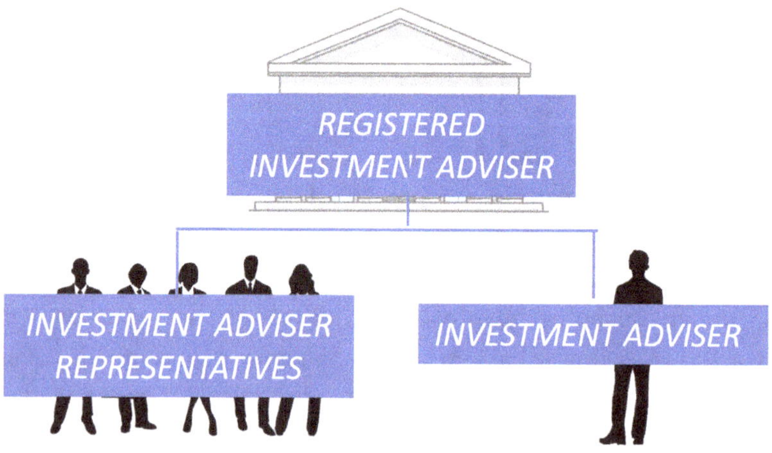

Investment Adviser puede ser una persona o una empresa.

Si la empresa es propiedad de un solo propietario (*Sole Proprietorship*), no hay diferencia entre la empresa y el individuo que la posee. En ese caso, esa persona podría ser un *Investment Adviser*. Si el negocio está estructurado como una corporación, los *Investment Adviser Representatives* son los empleados registrados que representan a la empresa de asesoría de inversiones (*Investment Adviser*).

También existen fusiones de los tipos mencionados anteriormente, que se llaman *Full-Service Financial Institutions*. Suelen tener un banco, un asesor de inversiones, un *Broker-Dealer* y, a veces, una compañía de seguros, todo bajo un mismo techo. JPMorgan Chase, Bank of America y Wells Fargo son unos ejemplos.

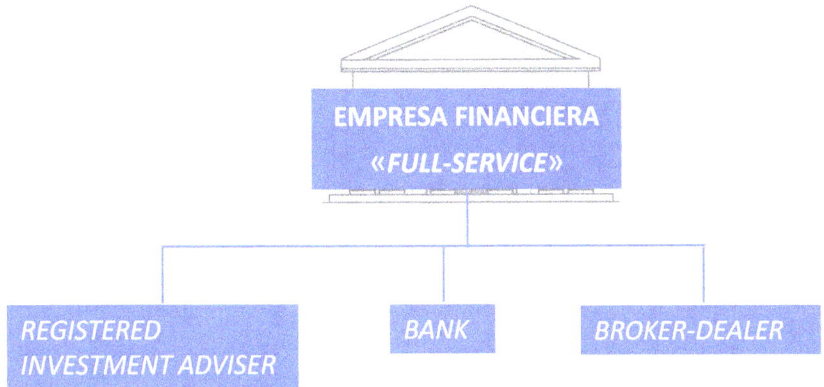

La empresa financiera «*Full-Service*» en EE.UU.

LAS REGLAS

Si bien algunos de los servicios que brindan los *Investment Advisers* y *Broker-Dealers* pueden superponerse entre sí, existe una distinción legal fundamental:

Los *Investment Advisers* están obligados por ley a actuar como **fiduciary** cuando atienden a los clientes. Esto significa que deben anteponer los intereses a sus clientes en todo momento. Los *Broker-Dealers* no le deben ningún deber fiduciario. Están sujetos a un estándar legal más leve conocido como el «*Best-Interest Standard*». *The Securities Exchange Commission* (SEC) exige que los *Broker-Dealers* actúen en su mejor interés al hacer recomendaciones de inversión y les prohíbe anteponer sus intereses financieros a los intereses de sus clientes al hacer esas recomendaciones.

Existen matices legales y éticos entre los dos estándares:

- El estándar *fiduciary* a menudo se considera el más alto nivel de atención según la ley. Los *Investment Advisers* deben anteponer los intereses de sus clientes a los suyos propios, brindarles toda su lealtad y no pueden participar en actividades que entren en conflicto con los mejores intereses de un cliente sin su consentimiento.

Este estándar está regulado por la SEC o los reguladores de valores estatales.

- Idoneidad/mejor interés. Los *Broker-Dealers* no están obligados a anteponer los intereses de sus clientes a los suyos propios. El estándar de idoneidad exige que los *Broker-Dealers* actúen en el mejor interés del cliente minorista en el momento en que se hace la recomendación, sin anteponer los intereses financieros o de otro tipo del corredor de bolsa a los intereses del cliente minorista. Por ejemplo, deben asegurarse de que sus recomendaciones se ajusten a las necesidades y objetivos financieros de los clientes y que los costos de transacción no sean excesivos. También deben revelar información sobre por qué las recomendaciones fueron adecuadas.

En EE.UU., el mercado de valores está regulado por los gobiernos federal y estatal. Desde hace su formación en 1934, la agencia federal encargada de regular la industria de valores estadounidense es *The Securities Exchange Commission*. La SEC afirma que su misión es proteger a los inversores; mantener mercados justos, ordenados y eficientes y facilitar la formación de capital.

Mientras que la SEC es el regulador del gobierno federal, cada uno de los 50 estados tiene un departamento de valores también diseñado para proteger a los inversores. Estos departamentos pueden denominarse *Securities Division*, *Securities Commission*, *Securities Board*, *Bureau of Securities* u otro pero, independientemente de su nombre, cada uno regula los valores ofrecidos en su estado, además de los negocios tanto de corretaje como de asesoramiento dentro del estado.

Hasta 1996, la mayoría de los *Investment Advisers* estaban regulados tanto por la SEC además de una o más agencias reguladoras estatales. Actualmente, la mayoría de los *Investment Advisers* pequeños y medianos tienen prohibido registrarse en la SEC debido a su tamaño. La mayoría de los grandes asesores de inversiones deben registrarse en la SEC.

Hasta 2010, el umbral para registrarse en la SEC como *Investment Advisers* era de solo 25 millones de dólares en activos bajo gestión (*Assets*

Under Management o *AUM* por sus siglas en inglés). Con la aprobación de la Ley Dodd-Frank en 2010, ese umbral se elevó a 100 millones de dólares de activos bajo gestión. Por 100 millones de dólares de activos bajo su gestión continua, un asesor de inversiones puede registrarse en la SEC. Por 110 millones de dólares, deben registrarse en la SEC. Y si un *Investment Adviser* estuvo registrado en la SEC el año anterior, puede permanecer así siempre que sus activos bajo administración no sean todos inferiores a 90 millones de dólares.

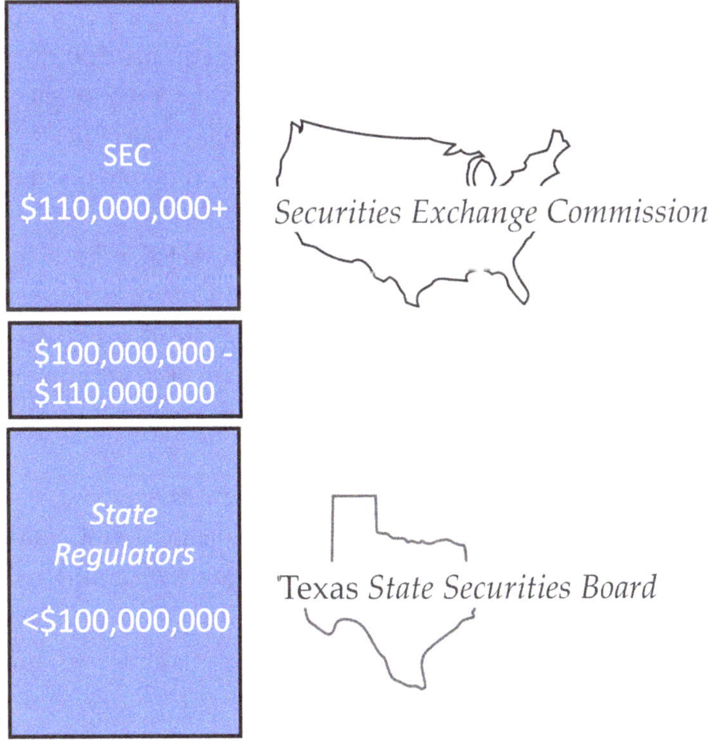

La cantidad de activos bajo gestión determina quién regula la entidad.

Por poner un ejemplo, en el caso de un asesor de inversiones en el Estado de Texas con 70 millones de dólares de activos bajo gestión, su regulador se llama *Texas State Securities Board*, no la SEC. En su misión, dicho regulador no habla de los *Cowboys* ni sus rodeos:

«La *Texas State Securities Board* es responsable de administrar y hacer cumplir la Ley de Valores de Texas. La misión de la Junta Estatal de Valores es proteger a los inversores de Texas. De acuerdo con ese propósito, la Agencia busca garantizar un mercado de valores libre y competitivo para Texas, aumentar la confianza de los inversores y, por lo tanto, fomentar la formación de capital y la creación de nuevos empleos en Texas».

Ahora que ya conocemos qué es la misión de su departamento de valores, ya solo nos queda escuchar Country mientras preparamos la barbacoa y comemos pollo frito y estaremos listos para convertirnos en todo un texano.

Si bien las leyes estatales de valores difieren en algunos aspectos entre los estados, tienen mucho más en común que en contraste porque siguen la legislación modelo para las leyes estatales de valores que se encuentran en la *Uniform Securities Act*; una ley modelo creada como punto de partida para la regulación de valores a nivel estatal. Es un marco que guía a los estados en la elaboración de su propia legislación de valores. Debido a que no todas las inversiones están cubiertas a nivel federal y no todas las personas relacionadas están registrados a nivel federal, la SEC no puede proteger a todos los inversores. Esto creó la necesidad de regulaciones a nivel estatal, como la *Uniform Securities Act*, para proteger aún más a los inversores. Cada estado tiene sus propias leyes de seguridad, conocidas coloquialmente como «*Blue Sky Laws*»[2].

El propósito declarado de la *Uniform Securities Act* es:

«relativos a valores; prohibir prácticas fraudulentas en relación con los mismos; exigir el registro de *Broker-Dealers, Agents, Investment Advisers* y valores; y uniformar la ley con referencia a ello».

PLANIFICACIÓN FINANCIERA

¿A qué se refiere el número 95.137? Es la cantidad de planificadores financieros certificados en los Estados Unidos. Casi cien mil. Eso es mucho.

---

[2] El término «Blue Sky» deriva de la caracterización de los planes de inversión especulativos y sin fundamento a los que dirigían dichas leyes. En 1917, la Corte Suprema estadounidense en Hall contra Geiger Jones Co., describió la actividad objetivo como «esquemas especulativos que no tienen más base que tantos pies de "Blue Sky"».

¿Sabe cuántos hay en España? EFPA España, la Asociación Española de Asesores y Planificadores Financieros, cuenta con menos de mil planificadores financieros certificados.

¿Y por qué?

Una explicación es que Estados Unidos tiene una ventaja de treinta y ocho años en el campo de la planificación financiera. EFPA España certificó a sus primeros planificadores financieros en 2010. En Estados Unidos, los planificadores financieros se certificaron por primera vez en 1972.

Además, España posee menos cultura financiera en comparación con EE.UU. Esto puede ser debido al hecho de que en las sociedades angloparlantes es más común hablar sobre temas económicos relacionados con, por ejemplo, el salario de una persona o lo que ha pagado por su vivienda. En el Estado español estos temas aún no se tratar con total cercanía y/o frecuencia. Esta situación plantea un obstáculo añadido a los planificadores financieros en España del que sus homólogos estadounidenses carecen.

Otra explicación es la importancia que ha ganado los planificadores financieros independientes en EE.UU. Este sector ha estado creciendo rápidamente, en más del 11% anual en los últimos diez años. Fidelity, Charles Schwab y otros gigantes financieros brindan servicios de custodia y otras herramientas a estas entidades, lo que les permite atender a clientes en todos los niveles de riqueza.

Las empresas de servicios financieros en España

BANCOS EN ESPAÑA

España es un país excesivamente centrado en los bancos. Para prepararse para la entrada de España a la Unión Europea en la década de 1980, varios bancos españoles se consolidaron y fusionaron. El objetivo era poner a los bancos españoles como Santander y BBVA al mismo nivel que sus rivales europeos, de mayor tamaño y sofisticación. La búsqueda de los bancos españoles por lograr economías de escala cada vez mayores fue particularmente importante en áreas donde el tamaño de una institución financiera puede ser una ventaja, como las operaciones administrativas, los sistemas de información y la gestión de activos.

Una vez que alcanzaron un tamaño suficiente, los grandes bancos españoles tuvieron un motor de crecimiento adicional que no estaba disponible para sus rivales europeos: la expansión en el gran y creciente mercado bancario de sur América. Este mercado resultó atractivo gracias a los márgenes e ineficiencias de los sistemas bancarios que existían en estos países. Los bancos españoles llegaron a dominar muchos aspectos de la banca en sur América, en gran parte porque comparten un idioma y una cultura comunes con la mayoría de los países de allí. Lo que, a su vez, proporcionó tanta experiencia a los altos ejecutivos de estos bancos españoles como capital adicional para crecer cada vez más en Europa.

La crisis financiera de 2008 produjo una segunda ola fuerte de consolidaciones bancarias. Las cajas de ahorros en España eran particularmente vulnerables y decenas de ellas fueron absorbidas por bancos más solventes[3]. Actualmente, los tres bancos más grandes (Santander, BBVA y CaixaBank) son lo que queda de lo que eran 29 bancos o cajas de ahorros a principios de 2008.

---

[3]   Las cajas de ahorro son entidades autónomas, sin ánimo de lucro. Han experimentado un proceso de reestructuración profundo en los últimos años, pasando de representar el 50% del sistema financiero a quedarse solo con dos. Este proceso ha propiciado que se hayan configurado en: fundaciones bancarias y fundaciones ordinarias. Como consecuencia de ello, pierden la condición de entidades de crédito y con pocas excepciones no ejercen actividad financiera.

COOPERATIVAS DE CRÉDITO EN ESPAÑA

Las cooperativas de crédito funcionan, como su propio nombre indica, con un sistema cooperativista. Por tanto, son los propios socios de la cooperativa los que aportan el capital a la entidad y además tienen el poder de tomar decisiones relativas a la dirección de la cooperativa.

En definitiva, las cooperativas de crédito son por un lado cooperativas y por otras entidades de crédito en las que se ofrecen diferentes productos bancarios. Cada cooperativa de crédito tendrá unos productos bancarios diferentes ya que eso depende de la oferta de cada una. Por otra parte, los socios de las cooperativas de crédito en España son, por una parte, socios trabajadores y, por la otra, socios clientes.

ENTIDADES ASEGURADORAS EN ESPAÑA

Dejando de lado la Seguridad Social, el sector asegurador en España está formado por tres tipos de empresas:

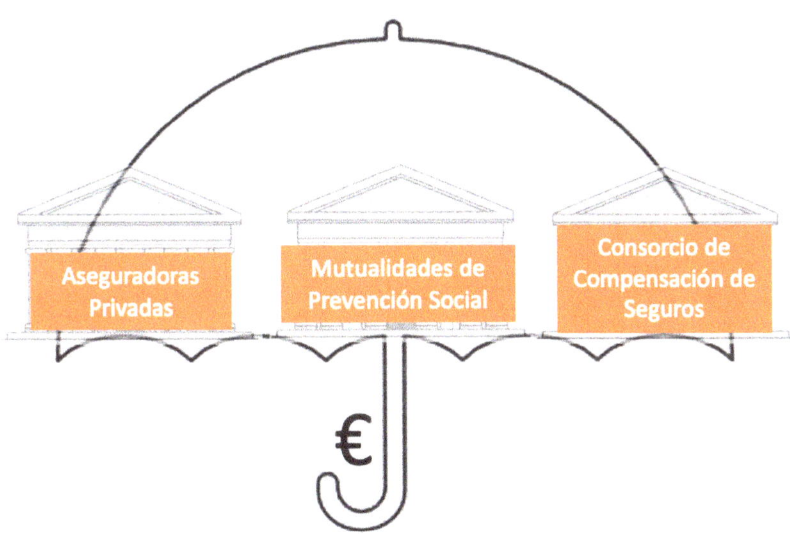

Los tres tipos de entidades aseguradoras en España.

Entidades aseguradoras privadas

Se trata de Sociedades Anónimas, Mutuas, Cooperativas o Delegaciones en España de otras sociedades aseguradoras extranjeras.

Mutualidades de Previsión Social

Son entidades aseguradoras privadas que se diferencian de las habituales compañías de seguros por las siguientes características:

* El tomador del seguro (o asegurado) se convierte en mutualista, es decir, en propietario de la mutualidad.
* No tienen ánimo de lucro, pues su objetivo es maximizar los beneficios de sus mutualistas a través de los servicios que les prestan.

Consorcio de Compensación de Seguros

Es una entidad pública española —no existe en otros países— que tiene por objeto cubrir riesgos extraordinarios (actos terroristas, fenómenos naturales, etc.) y otros riesgos especiales (que la aseguradora no fuera capaz de cumplir su función indemnizatoria por suspensión de pagos o por quiebra, etc.).

EMPRESAS DE SERVICIOS DE INVERSIÓN

Son entidades financieras que se dedican a prestar servicios de inversión de forma profesional. Se consideran servicios de inversión los siguientes:

* Recepción, transmisión y ejecución de órdenes por cuenta de terceros.
* Negociación por cuenta propia.
* Gestión discrecional e individualizada de carteras de inversión con arreglo a lo que mandan los inversores.
* La mediación en la colocación de emisiones y ofertas públicas de ventas.
* Aseguramiento de la suscripción de emisiones y ofertas públicas de venta.

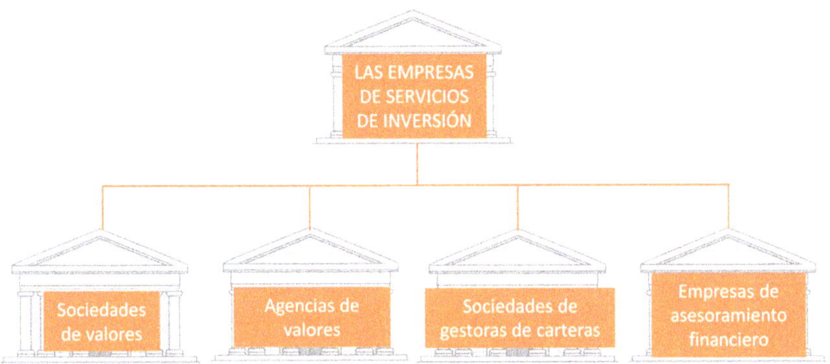

Las empresas de servicios de inversión en España.

INSTITUCIONES DE INVERSIÓN COLECTIVA (IIC)

Aquellas instituciones que captan públicamente fondos, bienes o derechos para invertirlos de forma conjunta en activos. Esta forma de inversión colectiva presenta una serie de posibles ventajas para el pequeño inversor en cuanto a la inversión que podría realizar individualmente, como son las siguientes:

- Rentabilidad. Las IIC ofrecen la posibilidad de obtener rentabilidades atractivas a pesar de invertir pequeñas cantidades.
- Amplias alternativas de inversión. Cualquiera que sea el perfil del inversor, existe una IIC adecuada a sus necesidades o particularidades de inversión.
- Diversificación. Las IIC permiten invertir en numerosos activos y mercados desde pequeños importes, lo cual resultaría difícil de realizar directamente por parte de los inversores individuales, a la vez que reduce el riesgo a las inversiones.
- Costes reducidos dado que pueden operar con economías de escala.
- Gestión profesionalizada.
- Ventajas fiscales.
- Seguridad.
- Liquidez.

GLOSARIO

Agent	Persona que representa a un corredor de bolsa o emisor para realizar o completar transacciones con valores a cambio de una compensación.
Assets Under Management (AUM)	Es el valor de mercado de las inversiones gestionadas por una persona o entidad en nombre de los clientes
«Blue Sky Laws»	Son regulaciones antifraude a nivel estatal que requieren que los emisores de valores estén registrados y revelen detalles de sus ofertas.
Broker-Dealer	Una persona o empresa que se dedica a realizar transacciones con valores por cuenta de otros *(Broker)* o por cuenta propia *(Dealer)*.
Dodd Frank	Una ley federal que revisó la regulación financiera después de la Gran Recesión de 2008 e introdujo cambios que afectaron a todas las agencias reguladoras financieras federales y a casi todas las partes de la industria de servicios financieros de EE.UU.
Fiduciary	Alguien que administra dinero o propiedades para otra persona. Cuando lo nombran fiduciario y acepta el puesto, debe, por ley, administrar el dinero y los bienes de la persona para su beneficio, no para el suyo. Se considera el más alto nivel de atención según la ley.
Idoneidad/ mejor interés	Es un estándar que exige que los *Broker-Dealers* actúen en el mejor interés del cliente minorista en el momento en que se hace la recomendación.
Investment Adviser	Es una persona o empresa a la que se le paga por brindar asesoramiento sobre valores a sus clientes.
Registered Investment Adviser (RIA)	Es una empresa financiera que asesora a los clientes sobre inversiones en valores y puede gestionar sus carteras de inversiones. Los RIA están registrados ante la SEC o ante los administradores de valores estatales.

Securities Exchange Commission	Es una agencia independiente del gobierno federal de los Estados Unidos, creada a raíz del desplome de Wall Street de 1929. Su objetivo principal es hacer cumplir la ley contra la manipulación del mercado.
Sole Proprietorship	Alguien que posee un negocio no incorporado por sí mismo.
Uniform Securities Act	Es una ley modelo creada como punto de partida para la regulación de valores a nivel estatal en EE.UU.

AYUDAS A LA «NAVEGACIÓN»

Productos financieros para la jubilación
Fideicomiso
Evitar *Probate*
Municipal bonds
Ahorrar para la educación universitaria
Los traspasos de pólizas de seguro

PRODUCTOS FINANCIEROS PARA LA JUBILACIÓN QUE CONFIEREN VENTAJAS FISCALES

NO DEBERÍA SORPRENDER QUE tanto los estadounidenses como los españoles vivan más años. Si bien esto suena como una buena noticia, debemos recordar que la mayor esperanza de vida se traduce en años adicionales después de la jubilación, lo que requiere ahorrar más dinero durante nuestra vida.

Los estudios han demostrado que las personas tienden a subestimar su propia esperanza de vida. Vivir más de lo esperado crea problemas cuando los jubilados viven más que sus activos. Hay mucha imprecisión con el término «longevidad» (*Longevity* en inglés). La gente suele pensar que longevidad significa cuánto tiempo va a vivir. Eso en realidad está cerca de la definición, pero lejos del significado. La esperanza de vida es técnicamente el tiempo que se espera que viva una persona ***en promedio***. La parte del promedio resulta ambigua; si una persona tiene un pie en el fuego y el otro en un bloque de hielo, entonces, ***en promedio***, se siente muy cómoda. Sin embargo, ninguno de los pies estará contento del todo de la misma forma en la que no todo el mundo vivirá según las expectativas vitales establecidas por la sociedad y la ciencia. Algunas personas fallecerán pronto, pero se espera que la mitad de las personas de la muestra vivirá por encima de su esperanza de vida.

> *«Recibir una pensión insuficiente o que no haya pensiones para todos son dos grandes preocupaciones de un futuro no muy lejano. En concreto, el 70% de **los españoles** admite que les genera inquietud no poder permitirse una jubilación holgada, un porcentaje que se sitúa ocho puntos por encima de la media europea (62%), según recoge el "Informe Europeo de Pagos de Consumidores" de* Intrum»[4].
>
> *«El Índice Nacional de Riesgo de Jubilación (NRRI) mide la proporción de familias **estadounidenses** en edad de trabajar que no podrán mantener su nivel de vida previo a la jubilación una vez que se jubilen. El NRRI muestra sistemáticamente que –incluso si las familias trabajan hasta los 65 años y anualizan todos sus activos financieros, incluidos los ingresos de las hipotecas inversas sobre sus viviendas– casi la mitad de ellos están en riesgo de no poder mantener su nivel de vida»*[5].

Tal y como las citas muestran, la jubilación es un tema que aparece cada vez más en las noticias y está más y más presente en la mente de la

---

[4] *La Razón*, 2023. «El 70% de los españoles, preocupados por no poder permitirse una jubilación "cómoda"».

[5] Center for Retirement Research, 2023. *The National Retirement Risk Index for Varying Claiming Ages.*

población de ambos países. Sin embargo, la manera en la que la hacienda de cada uno echa un mano a sus contribuyentes a la hora de ahorrar para su jubilación difiere en gran medida.

Social Security **en los Estados Unidos**

Hay dos requisitos de elegibilidad para los beneficios de jubilación de la Seguridad Social (*Social Security* en inglés). La primera es que el trabajador debe cumplir 62 años, como mínimo, para comenzar a recibir beneficios. La segunda es que el trabajador debe haber trabajado y aportado al sistema durante 10 años para ser elegible y recibir los beneficios de jubilación.

Las empresas en los EE. UU. pueden seleccionar entre una amplia gama de planes de jubilación para sus empleados. El gobierno federal ofrece ventajas fiscales tanto a los empleadores como a los empleados que mantienen y participan en estos planes. El objetivo de dichas ventajas fiscales es fomentar el ahorro para la jubilación por parte de empleadores y empleados.

En la esfera estadounidense, si el plan seleccionado es un «plan calificado» (*Qualified Plan* en inglés) debe cumplir con un conjunto de reglas, y como resultado se beneficiará del aplazamiento de impuestos y la protección de activos. Algunos planes patrocinados por el empleador —como los planes 403(b) y los SEP IRA— son planes de jubilación con protección fiscal, pero no están calificados según el *Internal Revenue Code* (las leyes que codifican todas las regulaciones tributarias federales estadounidenses).

La complejidad de la tipología de los planes calificados puede dificultar la comprensión del proceso. A continuación, se intenta simplificar en la medida de lo posible para facilitar su entendimiento. Así, los planes calificados se pueden dividir en dos grandes categorías:

1. Planes de pensiones
2. Planes de participación en las ganancias (*Profit Sharing* en inglés)

Estos, a su vez, se pueden dividir en dos subcategorías: Por una parte, estarían A) los planes de contribución definida y, por la otra, B) los planes de beneficio definido. Así, los planes de contribución definida pueden ser, o bien planes de pensiones o bien planes de participación en las ganancias, mientras que todos los planes de beneficio definido son siempre a su vez planes de pensiones.

Qualified Plans			Non-Qualified Plans
	1. Planes de Pensiones	**2. Participación en las ganancias**	
A) Contribución definida	• Money Purchase Pension Plans • Target Benefit Pension Plans	• Profit Sharing Plans • Stock Bonus Plans • Employee Stock Ownership Plans • 401(k) Plans • Thrift Plans • New Comparability Plans • Age-Based Profit-Sharing Plans	• IRA • SEP IRA • SARSEP IRA • SIMPLE IRA • 403(b) Plans • 457 Plans • Deferred Compensation Plans • Incentive Stock Options • Restricted Stock Plans
B) Beneficio definido	• Defined Benefit Pension Plans • Cash Balance Pension Plans		

Los planes de jubilación estadounidenses con ventajas fiscales.

También existe la posibilidad de que una empresa desee establecer un plan de jubilación; sin embargo, un plan calificado resultaría demasiado difícil o costoso. El *Internal Revenue Code* prevé «otros planes con ventajas fiscales» que brindan un trato fiscal favorable pero que no son planes calificados (*Non-Qualified Plans*). Estos planes suelen ser más asequibles y menos complejos de administrar para la empresa.

Por otra parte, existe un *Non-Qualified Plan* no relacionado en ningún aspecto con el empleador, el cual permite al tributario contribuir a su propia jubilación y, al mismo tiempo, disfrutar de ventajas fiscales. Se llama *IRA* (*Individual Retirement Account*, en inglés) y está diseñado principalmente para trabajadores autónomos que no tienen acceso a cuentas de jubilación en el lugar de trabajo. No obstante, también se contempla la posibilidad de que puedan estar disponibles para trabajadores que sí que tienen planes de jubilación en su trabajo.

¿Y qué es lo que ocurre en España?

En el caso español, existen considerablemente menos productos financieros para aportar o contribuir a sistemas de previsión social:

- Aportaciones y contribuciones a planes de pensiones.
- Aportaciones y contribuciones a mutualidades de previsión social.
- Primas satisfechas a planes de previsión asegurados.
- Aportaciones y contribuciones a planes de previsión social empresarial.

Hay 5 veces más opciones en Estados Unidos que en España…

Un estadounidense tiene más opciones que un español en cuanto a sus contribuciones a la jubilación.

Dado que la población estadounidense es siete veces mayor que la población española, resulta lógico que, en EE.UU., los contribuyentes tengan acceso a una mayor variedad de planes —concretamente, cinco veces mayor—, mientras que en España la oferta se reduce considerablemente.

…y los limites son 5 veces más elevados

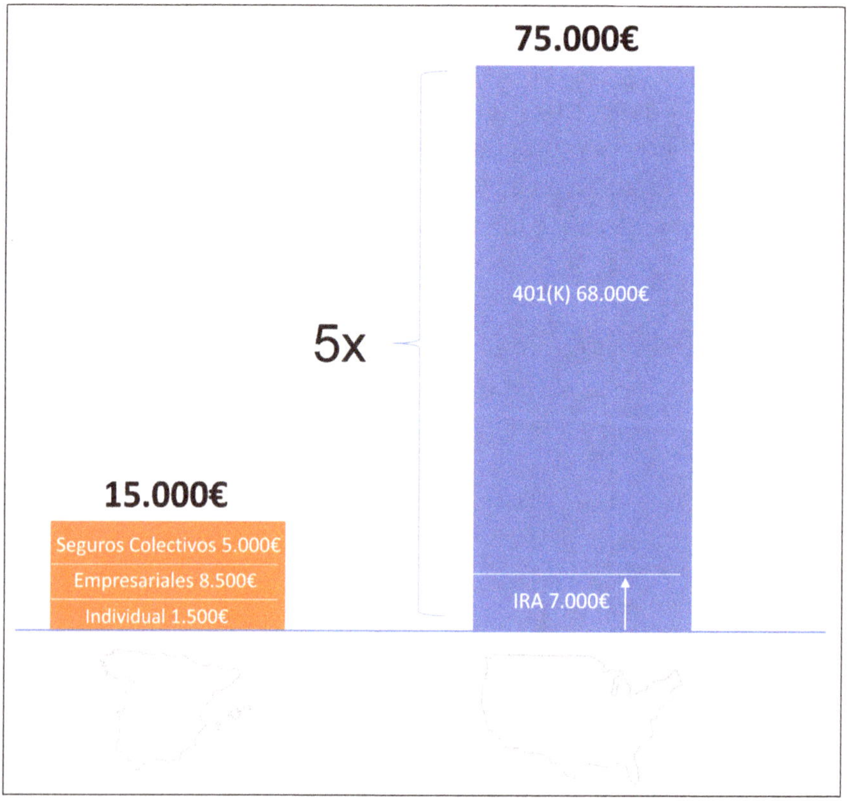

Un estadounidense, mayor de 50 años, puede contribuir cinco veces más a su jubilación que un español. Tipo de cambio 1€ = $1,08.

No obstante, resulta llamativo el hecho de que, como se muestra en el gráfico anterior, la diferencia entre ambos países a la hora de establecer un límite para la contribución —y las consiguientes ventajas fiscales— es, paradójicamente, cinco veces mayor en el caso americano.

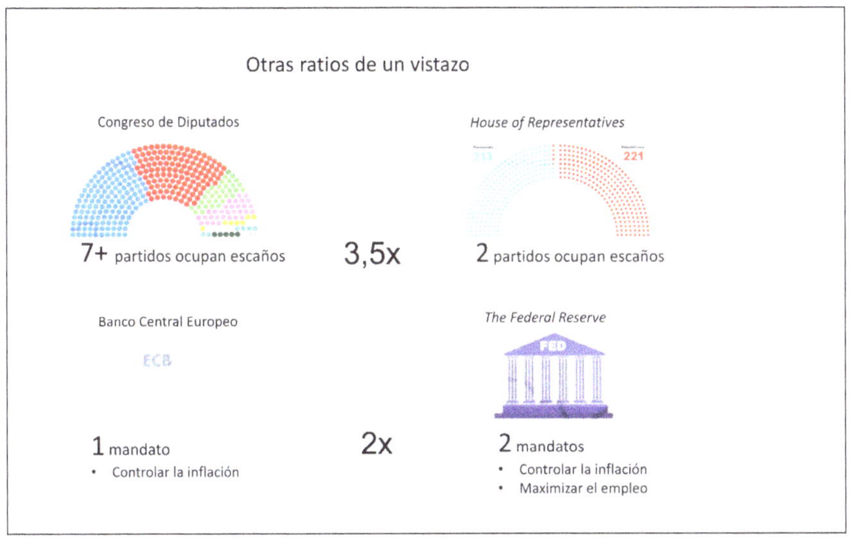

Otras comparaciones entre los dos países.

GLOSARIO

401(K)	Un plan de ahorro para la jubilación ofrecido por muchos empleadores estadounidenses que tiene ventajas fiscales para el ahorrador. El empleado que se inscribe en un 401(K) acepta que un porcentaje de cada cheque de pago se pague directamente a una cuenta de inversión.
Beneficio definido	Un plan de jubilación patrocinado por el empleador donde los beneficios de los empleados se calculan utilizando una fórmula que considera varios factores, como la duración del empleo y el historial salarial. La empresa es responsable de gestionar las inversiones y el riesgo del plan.
Contribución definida	Un plan que proporciona una cuenta individual para cada participante y para beneficios basados únicamente en la cantidad aportada a la cuenta del participante, y cualquier ingreso, gasto, ganancia y pérdida que pueda asignarse a la cuenta del participante.

Internal Revenue Code (IRC)	El conjunto de leyes que codifican todas las regulaciones tributarias federales estadounidenses, incluidos los impuestos sobre la renta, el patrimonio, las donaciones y el empleo.
IRA *(Individual Retirement Account)*	Una cuenta de ahorro a largo plazo que las personas con ingresos del trabajo pueden utilizar para ahorrar para el futuro mientras disfrutan de ciertas ventajas fiscales. El IRA está diseñada principalmente para trabajadores autónomos que no tienen acceso a cuentas de jubilación en el lugar de trabajo, como la 401(K), que sólo está disponible a través de los empleadores.
Non-Qualified Plan	Un plan establecido por un empleador que **no** cumple un conjunto de reglas bajo el *Internal Revenue Code* (IRC) §401(a).
Plan de Pensiones	Un plan establecido y mantenido por un empleador para proporcionar sistemáticamente el pago de beneficios a sus empleados durante un periodo de años —generalmente de por vida— después de la jubilación.
Profit Sharing Plan	Un plan establecido y mantenido por un empleador para prever la participación en sus ganancias por parte de sus empleados o sus beneficiarios.
Qualified Plan	Un plan para la jubilación que sigue un conjunto de reglas bajo el *Internal Revenue Code* (IRC) §401(a). Si un plan alcanza el estado *«Qualified»*, se beneficiará del aplazamiento de impuestos y la protección de activos.

FIDEICOMISO

En los Estados Unidos, los «fideicomisos» (en inglés, *Trusts*) se utilizan ampliamente en la planificación patrimonial. Son estructuras que confieren el título legal de los activos a una de las partes —el fiduciario— que administra dichos activos en beneficio de otros, a quienes se denomina «beneficiarios». Si bien el fideicomisario —persona encargada de administrar el fideicomiso— tiene el título legal de los activos; por su parte, el beneficiario posee el interés beneficioso o equitativo en el fideicomiso. Al dividir la propiedad del fideicomiso en intereses legales y equitativos, se puede utilizar un fideicomiso para administrar la propiedad y las consecuencias fiscales asociadas a la transferencia de la propiedad.

Es tanta la popularidad de los fideicomisos entre los estadounidenses que, en cada uno de los cincuenta estados que conforman EE. UU., existe hasta la posibilidad de otorgar un fideicomiso en provecho de una mascota o animal de compañía. Esto es debido al hecho de que los fideicomisos ofrecen una amplia gama de características destacables:

1. Gestionar de manera óptima los activos. No todo el mundo es experto en dirigir activos; una persona sin experiencia en el manejo de riquezas puede desperdiciarlas o invertir imprudentemente. Un fideicomiso sirve para administrar profesionalmente los activos de quienes no están capacitados o no gozan de la experiencia suficiente como para encargarse de los activos por sí mismos.

2. Proteger a los acreedores. Si la propiedad se coloca en un fideicomiso con las disposiciones apropiadas, de cláusula de despilfarro (en inglés, *Spendthrift Clause)* en lugar de transferirse directamente, los acreedores del beneficiario no podrán acceder a los fondos del fideicomiso para satisfacer las reclamaciones pendientes.

3. Evitar la validación de un testamento por parte del estado (en inglés *Probate*). *Probate* es un proceso costoso mediante el cual la Corte local cobra la propiedad de un difunto, paga sus deudas e impuestos adeudados y transfiere lo que queda a los herederos de la persona fallecida. Se trata de un procedimiento abierto al público lo que significa que los deudores, la prensa, o incluso los más entrometidos podrán conocer de primera mano cuáles son los bienes del difunto.

4. Dividir los intereses en la propiedad. Un fideicomiso se utiliza a menudo para tomar un solo activo o interés de propiedad y

dividirlo en diferentes intereses para lograr los objetivos de transferencia de patrimonio y/o planificación patrimonial de un cliente

5. Minimizar los impuestos. Cuando se usan apropiadamente, los fideicomisos pueden generar ahorros en impuestos sobre transferencias y sobre la renta que resultan de: la transferencia de valorización futura al heredero del otorgante, la minimización de los impuestos a la transferencia sobre generaciones posteriores, la disminución en el tamaño del patrimonio bruto del otorgante y la reducción de impuestos sobre la renta para el donante de los ingresos producidos sobre el activo transferido.

Para formar un fideicomiso, el otorgante de un fideicomiso transfiere (re-titula) la propiedad al fiduciario. El fideicomiso principal será administrado por el fiduciario para lograr los objetivos del fideicomitente expresados en las disposiciones detalladas del documento de este.

Como se observa en el siguiente gráfico, las ventajas inherentes a un fideicomiso se derivan de la separación de la propiedad en un interés legal en poder del fiduciario y un interés equitativo en manos del beneficiario.

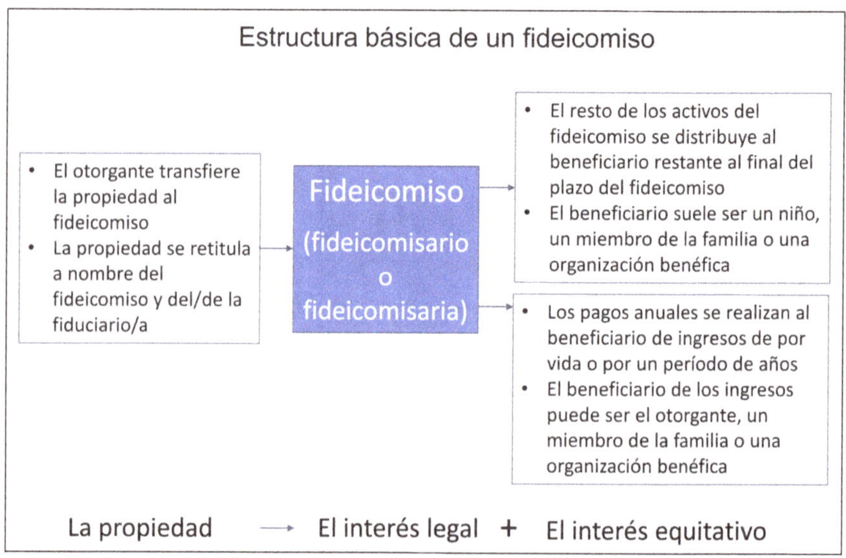

La estructura de un fideicomiso.

Solo hace falta mirar la lista de ejemplos de fideicomisos para entender el uso extendido en EE.UU:

Revocable & Irrevocable Trust
Funded & Unfunded Trust
Grantor Retained Income Trust (GRIT), Grantor Retained Annuity Trust (GRAT) & Grantor Retained Unitrust (GRUT)
Inter vivos & Testamentary Trust
Qualified Personal Residence Trust (QPRT) & Tangible Personal Property Trust (TPPT)
"See-Through" Trust
Special Needs Trust y Third Party Special Needs Trust
Totten Trust
Blind Trust
Crummey Trust
Trust for Minors
Dynasty Trust

La valoración del fideicomiso

El interés que un beneficiario tiene en el fideicomiso está vinculado al valor de los activos del fideicomiso. Dicho valor dependerá de cosas como el tipo de activos que posee el fideicomiso, cuántos beneficiarios tienen interés en los activos y los términos creados por el otorgante. Si los términos del fideicomiso no exigen distribuciones hasta que un beneficiario alcance cierta edad o exigen pequeños desembolsos durante un período de años, el interés del beneficiario no tiene valor práctico actualmente. Ese beneficiario puede querer o necesitar el valor de ese interés ahora, no en el futuro. De hecho, hay empresas que ofrecen comprar la participación de un beneficiario en un fideicomiso a un precio con descuento.

¿Y qué es lo que ocurre en España?

La figura jurídica de fideicomiso no existe en el derecho español, salvo unos matices; y por tanto, no está reconocida ni por las autoridades fiscales españolas ni por los tribunales del estado español. Como resultado, el tratamiento fiscal de los fideicomisos puede variar caso por caso, y las autoridades fiscales nacionales suelen analizar la realidad económica del fideicomiso en lugar de su naturaleza jurídica.

Esto significa que las relaciones económicas entre los miembros de un fideicomiso deben considerarse como mantenidas directamente entre ellos, sin intermediarios como en el caso de EE.UU.; es decir, sin la participación de la figura de *Trust* (como se observa en el gráfico anterior más arriba, en el recuadro de color azul), y las implicaciones fiscales de ello deben analizarse en consecuencia.

GLOSARIO

Beneficiario	Persona (o personas) que posee el título beneficiario de los activos del fideicomiso. Si bien el nombre del beneficiario no aparece en la escritura de los activos del fideicomiso, el fiduciario debe administrar los activos en el mejor interés del beneficiario. Hay dos tipos: beneficiario de ingresos y beneficiario restante.
Cláusula de despilfarro	La cláusula de despilfarro (en inglés, *Spendthrift Clause*) establece que el beneficiario no puede anticipar distribuciones del fideicomiso ni puede ceder, pignorar, hipotecar o prometer de otro modo dar distribuciones del fideicomiso a nadie.
Fideicomisario/a	Es la persona o entidad responsable de administrar los activos del fideicomiso y llevar a cabo las instrucciones del otorgante que se expresan formalmente en el instrumento del fideicomiso. Al/A la fideicomisario/a también se le llama a veces «fiduciario»; esto es, una persona que tiene el deber legal de actuar en el mejor interés de otra como resultado de ocupar una posición de confianza.

Fideicomiso	Es una estructura que confiere el título legal de los activos a una parte —el fiduciario— que administra esos activos en beneficio de otros —los beneficiarios del fideicomiso—.
Fideicomitente	Otro nombre para el otorgante.
Otorgante	La persona que crea y financia inicialmente el fideicomiso. Al otorgante también se le llama a veces fideicomitente o creador.
Propiedad	El dinero o propiedad transferida al fideicomiso, también se conoce como *Trust Principal, Corpus* o *Fund*.

CÓMO EVITAR *PROBATE*

Después de enfrentar la carga emocional que a menudo ocurre con el fallecimiento de un ser querido, los familiares en EE.UU. deben tener en cuenta el proceso de transferencia de los activos del difunto y de su patrimonio a los legatarios y herederos.

Un *Estate* es una entidad legal de la misma manera que un fideicomiso o una corporación. No son seres humanos ni personas naturales, pero todos los *Estates* son personas jurídicas. Cuando alguien muere, los bienes raíces, el seguro de vida, las cuentas bancarias, etc., van al patrimonio. Se nombra un albacea (*Executor* en inglés) del patrimonio —a menudo un miembro de la familia, pero no es necesario que lo sea— y es tarea del albacea reunir la documentación necesaria para transferir las cuentas bancarias, acciones y bonos, bienes raíces y otros activos al patrimonio.

Una persona que muere con un testamento válido recibe el calificativo de *Testate*, mientras que si la persona que muere lo hace sin un testamento válido, estamos ante un caso de *Intestate*. Una persona nombrada en un testamento se llama *Legatee* («legatario»), mientras que una persona que recibe bienes según la ley estatal de sucesión *Intestacy* («intestada») se llama heredero.

El proceso *Probate* es el procedimiento legal mediante el cual los bienes del fallecido que no se transfieren **automáticamente** a los legatarios/herederos se re-titulan a nombre de ellos. Puede considerarse como el procedimiento legal cuyo propósito es:

- Probar la validez de un testamento existente,
- Dirigir la distribución ordenada de los bienes del difunto a los legatarios/herederos,
- Asegurar a los herederos que reciben un título claro, y
- Proteger a los acreedores asegurando que las deudas válidas del patrimonio del difunto se pagan antes de su distribución a los herederos o legatarios.

Los bienes que pasan por *Probate* incluyen la propiedad que puede transmitirse mediante testamento, como la propiedad del difunto exclusiva (*Sole Ownership* en inglés) y la participación del fallecido en la propiedad mantenida como *Tenancy In Common* o *Community Property*[6]. Además de dichos bienes inmuebles, otros bienes tangibles e intangibles también pasan por *Probate* para su consiguiente re-titulación.

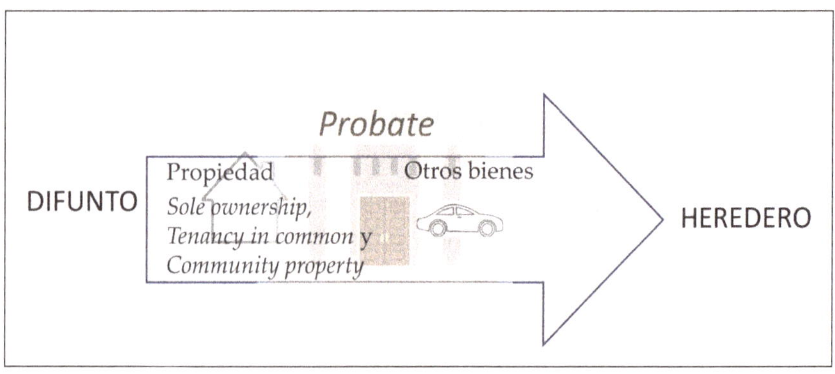

El proceso *Probate*.

---

[6] La propiedad *Sole Ownership* y las de *Tenancy In Common* y *Community Property* no prevén la re-titulación automática por lo que este tipo de propiedad debe pasar por el proceso de *Probate*.

Sin embargo, el proceso *Probate* tiene muchos inconvenientes:

- Típicamente, suele haber retrasos, ya que se trata de un proceso complejo y muy lento.
- Es costoso. En algunos estados, *Probate* es un proceso que puede conllevar hasta el 5% del patrimonio testamentario del difunto.
- Carece de privacidad. El proceso está abierto al escrutinio público.

Dado estas desventajas, muchas personas quieren transferir sus bienes fuera del proceso *Probate*. Existe tres tipos de disposiciones *mortis causa* a través de transferencia con los que una persona puede re-titular sus bienes y así reducir el patrimonio sujeto a dicho proceso:

- Contrato. Las transferencias por ley contractual permiten al cliente seleccionar beneficiarios designados a quienes se transferirá los activos. Unos ejemplos son: seguros de vida, anualidades, IRAs, planes de jubilación calificados, cuentas con características como *Pay-On-Death* (pagar en caso de muerte) y propiedad que registrarse como *Transfer-On-Death* (transferir en caso de muerte).
- Título. Dos formas de propiedad en EE.UU. poseen un mecanismo de re-titulación automática dado sus características de supervivencia: *Joint Tenancy With Right Of Survivorship* y *Tenancy In Common*.
- Fideicomiso. Toda la propiedad del fideicomiso tiene lugar fuera del proceso *Probate* porque tuvo que ser retitulada como parte del proceso para crear el fideicomiso.

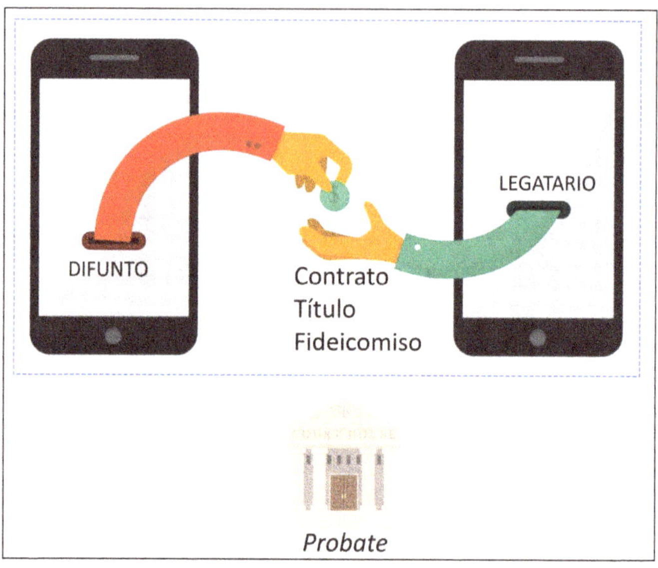

La transferencia de bienes fuera del proceso *Probate*.

GLOSARIO

Community Property	Según *Community Property* (la propiedad comunitaria), los cónyuges poseen y deben todo por igual, independientemente de quién gana o gasta los ingresos.
Estate	Todo el dinero y los bienes que posee una persona en particular, especialmente al momento de su muerte.
Executor	Representate del patrimonio designado en el testamento por el difunto.
Intestate	No tener testamento antes de morir.
Joint Tenancy With Right Of Survivorship	Se crea cuando un bien inmueble se transmite a dos o más personas y el documento de transmisión (generalmente una escritura) menciona específicamente la supervivencia. Cuando un copropietario muere, su parte pasa a los inquilinos restantes.

Legatee	Una persona nombrada en un testamento.
Pay-On-Death	Significa que una cuenta bancaria se transfiere automáticamente a un beneficiario tras la muerte de todos los propietarios y copropietarios de la cuenta.
Sole ownership	Un individuo o entidad posee la propiedad completamente sin otros inquilinos.
Tenancy In Common	Todos los inquilinos en común tienen el mismo derecho a usar u ocupar toda la propiedad mientras el arrendamiento permanezca intacto.
Testate	Haber hecho un testamento válido antes de morir
Transfer-On-Death	Es una forma de titular una propiedad inmobiliaria para que se transfiera, como su nombre lo indica, al momento del fallecimiento.

MUNICIPAL BONDS

Cuando compra un *Municipal Bond*, está prestando dinero al emisor (estado, cuidad o municipio) a cambio de una cantidad determinada de pagos de intereses durante un número predeterminado de años. Normalmente, dichos pagos están exentos de los impuestos sobre la renta federal[7]. Al final de ese período, llamado fecha de vencimiento del bono, se le devuelve el monto total de su inversión original y cualquier interés adeudado.

La idea de que los intereses pagados por los bonos municipales estuvieran exentos de impuestos surge de la premisa de la inmunidad intergubernamental, es decir, que tanto el gobierno federal como el estatal se abstienen de limitar la soberanía de cada uno. A lo largo de los años, muchos han argumentado que esta exención fiscal debería abolirse, ya sea porque otorga a los municipios una ventaja injusta sobre las empresas a la

---

[7] Los pagos de los bonos municipales también suelen estar libres de impuestos estatales en el estado donde se emitió el bono.

hora de recaudar capital, o bien porque los bonos exentos de impuestos eran puramente un refugio fiscal para los ricos. Un ejemplo fue el presidente Franklin D. Roosevelt, quien propuso la exención de impuestos para los valores municipales basándose en que eran simplemente una evasión fiscal para los ricos.

En 1988, la Corte Suprema de los Estados Unidos decidió que la exención de impuestos no era un derecho constitucionalmente protegido del que disfrutaban naturalmente los estados y municipios, sino más bien un «regalo» del Congreso de los Estados Unidos. En su caso «Carolina del Sur contra Baker», la Corte decidió que «los propietarios de bonos estatales no tienen ningún derecho constitucional a no pagar impuestos sobre los ingresos que obtienen de los bonos, y los estados no tienen ningún derecho constitucional a emitir bonos que paguen tasas de interés más bajas que otros emisores». No obstante, el mercado de bonos municipales en Estados Unidos se está fortaleciendo: actualmente hay más de 3.500.000.000.000 de dólares en bonos municipales en circulación.

La cuestión de si un bono municipal o un bono corporativo es mejor para un inversor depende de una serie de factores específicos de las circunstancias individuales de cada persona. El más importante de ellos se relaciona con el tamaño de la factura de impuestos del inversor. Si se encuentra en el tramo impositivo del 32% y vive en un estado con tasas impositivas sobre la renta relativamente altas, entonces invertir en bonos municipales probablemente será una mejor opción que los bonos sujetos a impuestos sobre la renta federal (un bono del Tesoro o un bono corporativo). Alternativamente, si sus ingresos se encuentran en el tramo impositivo del 12%, es posible que desee mantenerse alejado de los bonos municipales.

En general, los bonos municipales —conocido como *Munis*, por su abreviatura en inglés— están exentos de impuestos y son más atractivos para quienes se encuentran en tramos impositivos más altos. Específicamente, es necesario comparar el rendimiento del bono municipal con el de un bono *«Taxable»* comparable determinando su rendimiento fiscal equivalente. Los bonos del Tesoro están sujetos a impuestos sobre la renta ordinarios por parte del gobierno federal mientras los intereses de los bonos corporativos están sujetos a impuestos por parte de los gobiernos federal y estatal. Es decir que los dos tipos son bonos *«Taxable»*. El rendimiento de una inversión después de impuestos se conoce como *«After-Tax Return»*. La fórmula para calcular este rendimiento resultante es:

After tax return =
Rentabilidad, bono corporativo x (100% − tipo impositivo marginal)

También conocido como rendimiento *«Taxable Equivalent Yield»*, el rendimiento equivalente a impuestos tiene en cuenta su tasa impositiva actual para determinar si una inversión en un bono municipal es equivalente a una inversión correspondiente en un bono sujeto a impuestos determinado. La fórmula para ello es:

Tax equivalent yield =
Rentabilidad, bono municipal ÷ (100% − tipo impositivo marginal)

Al poner esta fórmula en práctica, digamos que está contemplando un bono municipal libre de impuestos con un rendimiento del 4% y su categoría impositiva marginal federal es del 35% y del estado es del 3%, por una suma del 38%. Introduciría los números de la siguiente manera:

$$4 \div (1\text{-}0{,}38) = 6{,}45$$

En este caso, el rendimiento equivalente a impuestos sería del 6,45%. Esto significa que, si instrumentos de deuda sujetos a impuestos equivalentes ofrecen rendimientos en el rango del 5,5% al 6%, el bono municipal con un rendimiento del 4% —aunque su rendimiento nominal parezca más bajo— ofrece un mejor rendimiento.

Otra manera de calcular las ventajas fiscales que otorgan los *Muni Bonds* es la relación entre los rendimientos de los bonos municipales y los bonos del Tesoro de Estados Unidos, que están sujetos a impuestos. Se llama «*The Ratio*».

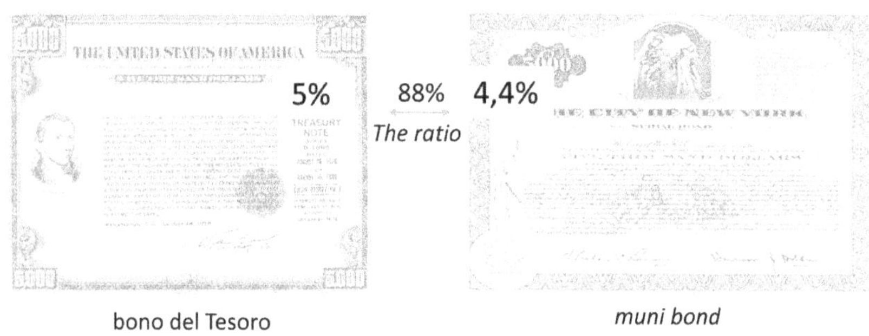

Si un bono municipal a 10 años con calificación AAA rinde un 4,4% y un bono del tesoro comparable rinde un 5%, la relación es un 88%.

Para un inversor, la compra del bono municipal se considera barato cuando la proporción («*The Ratio*») es superior al 90% o 95%, y caro cuando la proporción ronda el 80%.

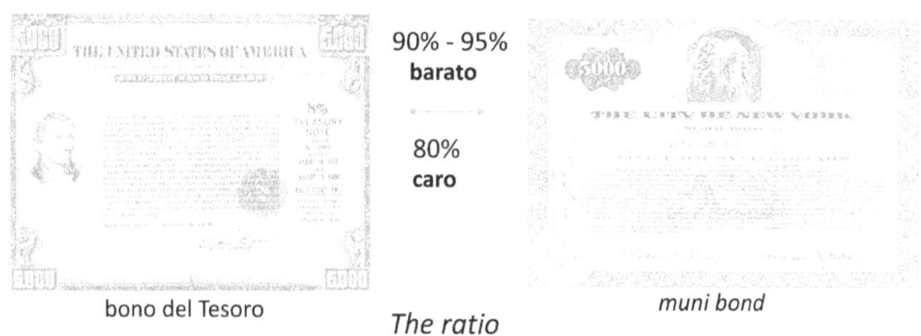

Por lo general, se paga a un bufete de abogados —llamado *Bond Counsel*— para verificar que un bono municipal esté emitido válidamente y esté exento de impuestos. El papel de *Bond Counsel* comenzó después de la guerra de Secesión estadounidense, cuando los estados repudiaron la deuda que habían vendido durante la guerra, así como la deuda que vendieron para la construcción de ferrocarriles. El juez John F. Dillon publicó opiniones, artículos y documentos legales que respaldaban la situación jurídica y el derecho de los municipios a emitir bonos exentos de impuestos. Las instituciones financieras y los compradores individuales de bonos municipales comenzaron a buscar la opinión del juez Dillon, otros abogados comenzaron a especializarse en el trabajo y nació el papel de *Bond Counsel*.

El seguro de bonos municipales fue enormemente popular a finales de los años 90 y principios de los años 2000. En su apogeo, estas pólizas de seguro de bonos cubrían el 50% o más de los nuevos bonos que se emitían en el mercado de bonos municipales cada año. Este seguro de bonos garantizaba el pago puntual y regular del principal y los intereses en caso de que un emisor no lo hiciera.

Las calificaciones de los bonos se basan en el crédito de la aseguradora y no en el crédito subyacente del emisor. Una póliza de seguro de bonos municipal tiene como objetivo generar ahorros significativos en los costos de intereses, dependiendo del crédito subyacente del emisor y las condiciones del mercado en el momento de la venta del bono.

El emisor de los bonos compró una mejora crediticia en forma de calificación «triple-A» de una compañía de seguros. Este tipo de «seguro» no era como los típicos, como el seguro de automóvil o de vivienda, donde el municipio podía utilizarlo si lo necesitaba. En cambio, las aseguradoras disuadieron activamente a los emisores de bonos municipales de recurrir a sus pólizas. De hecho, las aseguradoras sólo aseguraban créditos sobre los cuales nunca esperaban pagar una reclamación.

Así funcionaba el seguro de bonos: supongamos que un estado quiere pedir prestados 50 millones de dólares durante 10 años en el mercado de bonos exentos de impuestos. La calificación de los bonos del propio estado daría como resultado el pago del 7% para pedir prestado ese dinero. Pero si el estado paga para utilizar la calificación «triple-A» de la compañía de seguros de bonos, ese costo se reduce al 6%. La diferencia entre pedir dinero prestado al 7% y al 6% es 5.000.000$ durante los 10 años. El seguro dura mientras la deuda esté pendiente. El costo pagado por adelantado a la aseguradora del bono se basa en un porcentaje del interés total y el principal durante la vida del bono. Suponiendo que el costo es de 2.245.000$, el estado ahorra 2.755.000$ durante la vigencia del préstamo al comprar el seguro.

En 2008 estas aseguradoras perdieron su calificación «triple-A» debido a sus pérdidas por el seguro de títulos hipotecarios y nunca se recuperaron.

AHORRAR PARA LA EDUCACIÓN UNIVERSITARIA

La educación universitaria se ha convertido en un rito de iniciación para muchos estudiantes en Estados Unidos, y los estudios continúan demostrando que los graduados universitarios tienen más probabilidades de obtener mayores ingresos que aquellos sin un título. Este es el lado positivo.

Sin embargo, los crecientes costos administrativos, la inflación, y la reducción de los fondos estatales para la educación superior mantienen altos los costos universitarios en EE.UU., y continúan aumentando. Esta es la parte negativa. Es importante recordar que los crecientes costos de matrícula y tasas superan con creces a la inflación por sí sola. Afortunadamente, existen *Student Aid, Scholarships, Grants, Student Loans* y *Work-study Programs* que ayudan a una familia a pagar por la educación recibida. Además, varias herramientas financieras tienen ventajas impositivas con las que podemos ahorrar para la educación universitaria:

Qualified State Tuition Plans

Prepaid Tuition

- La matrícula pagada con antelación se puede utilizar para pagar créditos universitarios dentro de su estado al costo actual.
- Básicamente, los padres compran créditos universitarios hoy y los utilizan cuando sus hijos van a la universidad.

Savings plans (529 Plans)

- Son tradicionalmente un plan para que los padres o abuelos contribuyan, aunque cualquiera que lo desee puede contribuir.
- No hay «*AGI phaseout*» (explicado en detalle en el siguiente capítulo) para quienes puedan participar, por lo que, independientemente del nivel de ingresos, cualquiera puede utilizarlo.
- Existen varias posibilidades para aumentar la cantidad ahorrada en un año; entre ellas que una vez se pueden hacer cinco años de

contribuciones en un solo año y que un matrimonio puede donar el doble de la cantidad en un año («*Gift-Splitting*»).

- Cualquier apreciación en el valor de los activos está libre de impuestos si se utiliza para gastos de educación.

Coverdell Education Savings Account

- Es un fideicomiso creado por el gobierno de los EE. UU. para ayudar a las familias a financiar los gastos educativos

- Anteriormente llamada «IRA educativa» (*Education IRA*), permite a las familias aumentar las ganancias de inversión siempre que los fondos se utilicen con fines educativos.

- Se puede utilizar tanto para educación primaria privada como para educación secundaria.

Roth IRA

- Las contribuciones no son deducibles de impuestos, pero las aportaciones crecen con impuestos diferidos.

- Las sanciones típicas por retiro anticipado de IRA no se aplican si el dinero se gasta en educación.

- El propietario de la cuenta puede retirar ciertas cantidades en cualquier momento sin consecuencias fiscales.

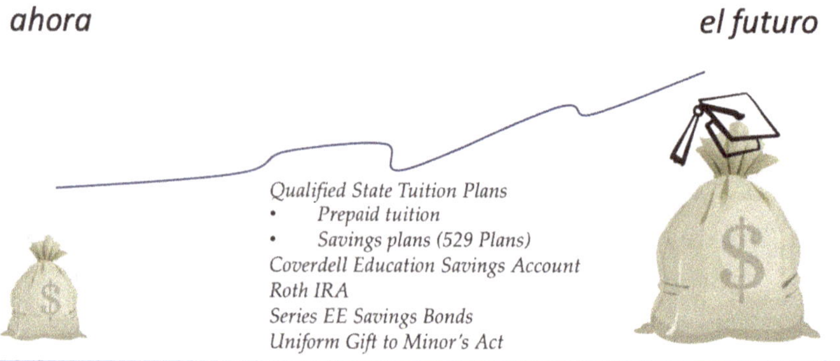

Series EE Savings Bonds

- Es un bono de ahorro del gobierno de EE. UU. que no es negociable y que devenga intereses.
- Se garantiza que estos bonos duplicarán su valor durante el plazo inicial típico de 20 años.

Uniform Gifts to Minors Act

- Es una ley que permite que activos como valores, donde el donante ha renunciado a toda posesión y control, se mantengan a nombre del custodio en beneficio del menor. sin que un abogado necesite establecer un fideicomiso.
- Una vez que el niño alcanza la mayoría de edad (18 o 21 años dependiendo del estado), los activos pasan a ser propiedad del niño.

Electoral College

El *Electoral College* es un proceso marcadamente estadounidense. No tiene campus y los estudiantes no asisten a clases allí. Los padres fundadores de los Estados Unidos lo establecieron en la Constitución, en parte, como un compromiso entre la elección del presidente mediante votación en el Congreso y la elección mediante voto popular de ciudadanos cualificados.

El *Electoral College* es el grupo de electores presidenciales que se forma cada cuatro años con el único fin de votar por el presidente y el vicepresidente. Cada uno de los 50 estados nombra electores según los métodos descritos por su propia legislatura, en número igual a su delegación en el Congreso (representantes y senadores).

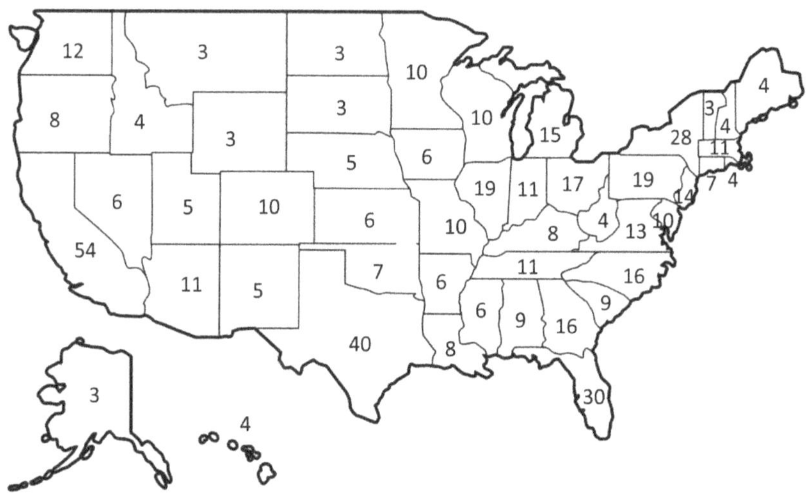

Asignación de votos electorales entre los estados.

La Constitución estadounidense no define ni delimita qué proceso puede utilizar una legislatura estatal para crear su sistema estatal de electores. En la práctica, las legislaturas estatales generalmente han optado por seleccionar a los electores mediante un voto popular indirecto. La mayoría de los estados utilizan un sistema de «el ganador se lo lleva todo» en el que todos los electores del estado votan al candidato que obtiene los votos más populares. Sin embargo, los estados de Maine y Nebraska tienen cada uno una variación de «representación proporcional».

En una votación popular indirecta, son los nombres de los candidatos los que figuran en la papeleta para ser elegidos. La mayoría de los estados no incluyen los nombres de los electores en la papeleta electoral. En general, los votantes y los propios electores entienden que ellos son los «suplentes» representativos de los candidatos y que se espera que emitan sus votos en el *Electoral College* por el presidente y el vicepresidente que aparecieron en la papeleta. Los electores reales por los que se vota normalmente son seleccionados por el partido del candidato.

Los pasos en Idaho::

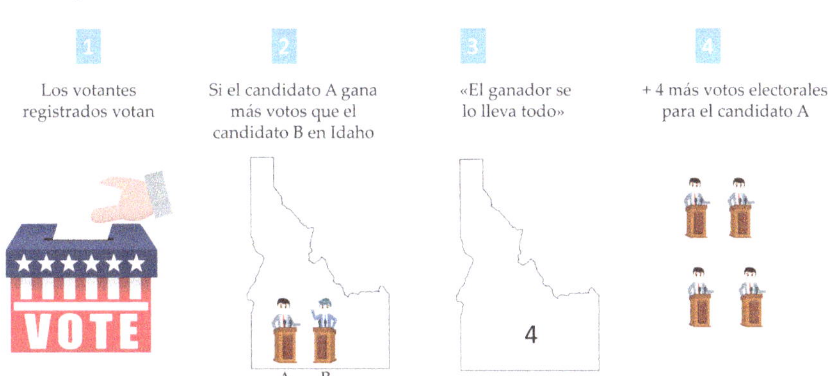

Cómo funciona el *Electoral College*.

De los 538 electores actuales, se requiere una mayoría simple de 270 o más votos electorales para elegir al presidente y al vicepresidente. Si ningún candidato logra la mayoría allí, la Cámara de Representantes celebra una elección contingente para elegir al presidente y, por su parte, el Senado se encarga de elegir al vicepresidente. Los titulares de cargos federales, incluidos senadores y representantes, no pueden ser electores.

Los méritos del sistema del *Electoral College* son un tema de debate continuo en los Estados Unidos desde su creación en 1787. Se han presentado más resoluciones para modificar el mecanismo del *Electoral College* que cualquier otra parte de la constitución estadounidense.

GLOSARIO

After-Tax Return	El rendimiento de una inversión después de los impuestos.
Bond Counsel	Abogados a quienes se les paga para verificar que un bono sea jurídicamente vinculante y si está exento de impuestos.
Electoral College	Es el grupo de electores presidenciales que se forma cada cuatro años con el fin de votar por el presidente y el vicepresidente.

Executor (Albacea)	Es un término legal que se refiere a una persona nombrada por el autor de un testamento o nominada por el testador para llevar a cabo las instrucciones recogidas en el testamento.
Gift-Splitting	La Hacienda estadounidense permite a las parejas casadas combinar su límite de exclusión de donaciones para hacer donaciones más grandes libres de impuestos.
Ratings	El sistema de letras y símbolos utilizados por las agencias de calificación para calificar los valores.
Tax Equivalent Yield	Es igual a la rentabilidad de un *Municipal Bond* ÷ (100% - tipo impositivo marginal del contribuyente).
Triple-A Ratings	Las calificaciones AAA (Standard & Poors y Fitch) o Aaa (Moody's) se otorgan a deuda con grado de inversión que tiene un alto nivel de solvencia y la mayor capacidad para pagar a los inversores.

TRASPASOS DE PÓLIZAS DE SEGURO

Una sección de las reglas tributarias estadounidenses (*IRC Section* 1035) brinda la oportunidad de intercambiar ciertas pólizas de seguros por productos similares y al mismo tiempo aplazar el reconocimiento de una ganancia a efectos fiscales.

Hay tres tipos de pólizas de seguro que se pueden canjear de forma que se evite obtener reconocimiento tributario. Estos productos son los siguientes: 1. Contratos de seguros de vida, 2. *Modified Endowment Contracts*, y 3. Anualidades (*Annuities*, en inglés).

1. Contratos de seguros de vida de *Cash Value* — una de las características ventajosas de un seguro *Cash value* (como se define en el glosario) es que los beneficios de la póliza están libres de impuestos sobre la renta si la póliza permanece vigente hasta la muerte del asegurado.

2. *Modified Endowment Contracts* (*MECs,* por sus siglas en inglés) — también son contratos de seguro de vida, pero sus beneficios están más restringidos. El Congreso estadounidense intenta evitar que los contribuyentes utilicen contratos de seguro de vida como vehículo para diferir temporalmente el impuesto sobre las ganancias de inversiones dentro de la póliza. Por lo tanto, crearon un conjunto de reglas que definen a MEC como una póliza de seguro de vida que no pasa «la prueba de los 7 pagos».

3. Anualidades — todas las distribuciones de crecimiento de un contrato de anualidad se gravan con impuestos básicos sobre la renta. De los tres tipos de contratos de seguro cubiertos por *IRC Section* 1035, los contratos de anualidades son los menos favorables desde el punto de vista del contribuyente, ya que todas las ganancias estarán sujetas al impuesto sobre la renta a tasas ordinarias.

De los tres tipos de seguros anteriores, los *Modified Endowment Contracts* no son tan buenos como las pólizas de seguro de vida —porque los beneficios pueden generar impuestos sobre la renta—, pero sí son mejores que los contratos de anualidad —dado que el beneficio por fallecimiento es libre de impuestos—. Se puede pensar en los tres tipos de contratos de seguro como si estuvieran en una escalera, con el contrato más ventajoso arriba y el menos ventajoso abajo, como se muestra en el siguiente gráfico:

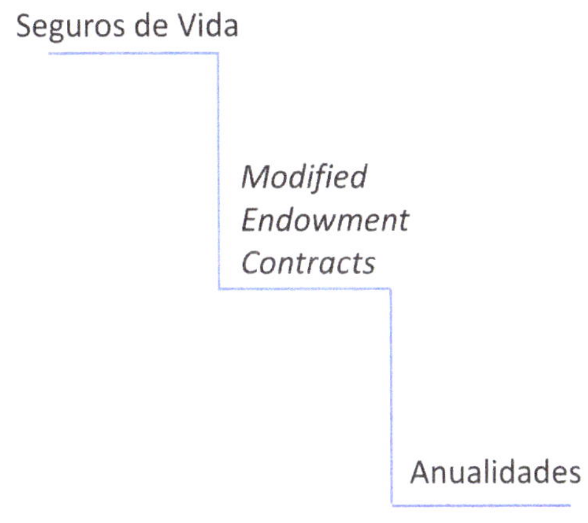

La escalera de los tipos de contratos de seguro.

Por esta razón, el intercambio de contratos de seguro no estará gravado si el contrato se sustituye por otro del mismo tipo o bien por otro de rango inferior al contrato renunciado.

Cuando un contribuyente intercambia algo que estaría libre de impuestos por algo sujeto a impuestos, la transacción no está gravada. No obstante, el intercambio sí estaría gravado si ocurre lo contrario y se cambia un contrato básico por un nuevo contrato que tenga beneficios libres de impuestos. El siguiente cuadro muestra cómo se pueden intercambiar contratos de seguro —únicamente siguiendo la dirección de las flechas— sin consecuencias fiscales actuales.

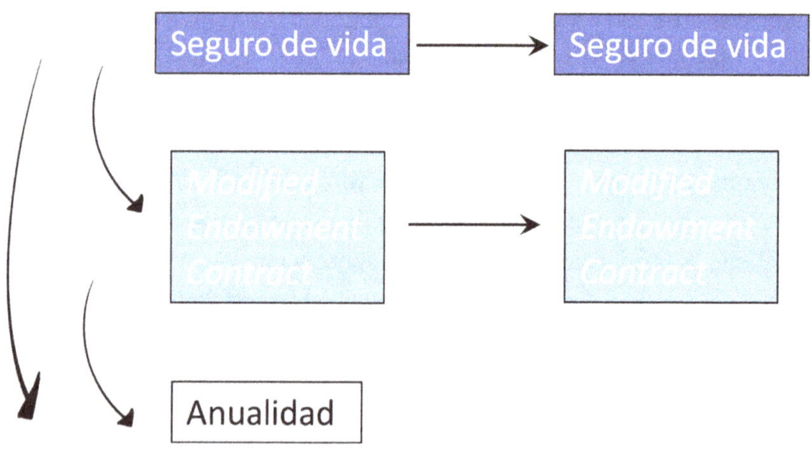

«Tráfico» unidireccional.

GLOSARIO

Cash Value seguro de vida	Es un seguro de vida permanente porque brinda cobertura durante la vida del titular de la póliza. Por lo general, el seguro de vida con *Cash Value* tiene primas más altas que el seguro de vida temporal debido al elemento de valor en efectivo. Una parte de cada pago de prima se asigna al costo del seguro y el resto se deposita en una cuenta de valor en efectivo.
Contrato de Anualidad	Un contrato en el que una persona invierte dinero con una compañía de seguros y los ingresos del crecimiento de la inversión se difieren hasta que el propietario comienza a recibir distribuciones de la anualidad.
Contrato de seguro de vida	Un contrato donde la compañía de seguros se compromete a pagar una cantidad específica en caso de fallecimiento del asegurado.
Fondo de inversión	Es una institución de inversión colectiva (IIC) que agrupa el patrimonio que han aportado un gran número de inversiones con el objetivo de realizar inversiones en determinados activos de acuerdo con una estrategia preestablecida.
Modified Endowment Contract (MEC)	Contratos de seguro de vida que no pasan «la prueba de los 7 pagos».
«Prueba de los 7 pagos».	Es la prueba que determina si el monto total de las primas pagadas en una póliza de seguro de vida dentro de los primeros siete años es mayor de lo que necesitaría para pagarla en su totalidad durante esos siete años. Las pólizas se convierten en MEC cuando las primas pagadas por la póliza son mayores de lo que era necesario pagar dentro de ese período de siete años.

CÓMO EVITAR LOS PASOS EN FALSO IMPOSITIVOS

LOS SISTEMAS TRIBUTARIOS VARÍAN ampliamente entre España y Estados Unidos. Para los 167.426 españoles que viven en Estados Unidos y los 41.935 estadounidenses que viven en España, dichas diferencias son problemáticas.

A la hora de tributar, los contribuyentes en ambos países tienen unas herramientas para evitar los errores y/o confusiones:

- Para mitigar la doble imposición, ante todo existe el *Convenio entre el Reino de España y los Estados Unidos de América.*
- Para que los españoles que residen en EE.UU. puedan responder a sus obligaciones, dentro de la sede electrónica de la Agencia Tributaria española (https://sede.agenciatributaria.gob.es), hay publicaciones en el apartado que se titula «No Residentes»; cualquiera que sea la circunstancia específica del contribuyente, existe informadores y otros recursos allí para dar respuesta a todas las preguntas.
- Los estadounidenses que residen en España tal vez pueden utilizar el *Foreign Tax Credit* y/o la *Foreign Earned Income Exclusion* de la Hacienda estadounidense. No obstante, este servicio puede ser utilizado por algunos españoles también, dependiendo de sus circunstancias personales y económicas.

El *Foreign Tax Credit* es un crédito fiscal estadounidense por el impuesto sobre la renta pagado a otros países. El objetivo general es ayudar a los contribuyentes a evitar la doble imposición sobre las rentas extranjeras. Los contribuyentes pueden deducir el impuesto sobre la renta extranjero que pagaron o reclamar esos impuestos como crédito fiscal extranjero.

La *Foreign Earned Income Exclusion* (en adelante, FEIE) permite a los contribuyentes excluir de los impuestos estadounidenses una cantidad de ingresos obtenidos en el extranjero. La suposición es que debido a que el expatriado ya está pagando impuestos en el país en el que reside sobre los ingresos obtenidos en dicho país, puede excluir esos ingresos (actualmente hasta aproximadamente 120.000 dólares) de los impuestos estadounidenses si el contribuyente cumple los requisitos previos. Sin embargo, la FEIE no se aplica a los ingresos pasivos, como los intereses pagados sobre bonos o los dividendos pagados sobre acciones en España. Hay dos pruebas, cualquiera de las cuales se puede utilizar para determinar si un expatriado puede ser candidato para la exclusión:

- La prueba de residente de buena fe (*Bona Fide Resident Test)*: el contribuyente fue un residente de buena fe de un país extranjero durante un período que incluye un año fiscal completo en los EE. UU., o
- La prueba de presencia física (*Physical Presence Test)*: el contribuyente debe estar físicamente presente en un país (o países) extranjero durante al menos 330 días completos en cualquier período de 12 meses que comience o finalice en el año fiscal del que se trate.

No obstante, es importante que dichas personas estudien las leyes tributarias de una nueva localidad antes de obtener ingresos o hacer negocios allí. Además, este libro no pretende proporcionar asesoramiento fiscal, legal o contable. Fue escrito sólo con fines informativos. Los lectores deben consultar a sus propios asesores fiscales, legales y contables antes de realizar cualquier transacción.

LOS ESPAÑOLES DELEGAN MEJOR QUE LOS AMERICANOS

La primera diferencia que distingue a las autoridades fiscales y financieras estadounidenses de las españolas es la falta de voluntad para transferir responsabilidades. A modo de ejemplo: cuarenta y tres de los estados de EE. UU. imponen su propio impuesto sobre la renta individual (en inglés, *Income Tax*). Solo siete estados no tienen dicho impuesto. En cambio, el Impuesto sobre la Renta de las Personas Físicas (IRPF) en España es un impuesto cedido parcialmente a las comunidades autónomas.

Para los españoles que viven en Estados Unidos, esto significa que, además del formulario 1040 de impuestos federales, deberán familiarizarse con los procedimientos y la naturaleza de los formularios fiscales del estado en el que residen.

TRIBUTACIÓN BASADA EN LA CIUDADANÍA

Estados Unidos es, junto con Eritrea (África) y Corea del Norte, uno de los tres únicos países totalmente comprometidos con la tributación basada en **la ciudadanía**, que somete a sus ciudadanos a impuestos sobre la renta sobre sus ingresos mundiales sin importar dónde vivan. Este es otro ejemplo de la falta de voluntad de las autoridades fiscales americanas para ceder.

Es posible que la Hacienda estadounidense haga esto porque posee la capacidad administrativa y el poder para hacer cumplir la tributación de sus ciudadanos en todo el mundo. O tal vez, este procedimiento esté demasiado arraigado en la historia de la recaudación de impuestos estadounidenses como para que pudiera cambiar.

En 1861, cuando EE.UU. luchaba por recaudar ingresos para la guerra de Secesión, el Congreso impuso un impuesto sobre la renta personal del 3%, argumentando que los ciudadanos estadounidenses que vivían fuera del territorio estaban eludiendo sus deberes para con su país en un momento de necesidad. De esta forma, esos mismos ciudadanos podrían compensar su falta de compromiso cívico pagando impuestos sobre sus ingresos provenientes de Estados Unidos.

En 1924, un estadounidense que había vivido fuera de Estados Unidos durante más de 20 años y ya no tenía vínculos con el país americano, presentó una demanda ante la Corte Suprema, argumentando que era inconstitucional seguir cobrando impuestos en su caso. El tribunal no estuvo de acuerdo y dictaminó que los impuestos basados en la ciudadanía eran constitucionales. La justificación de la Corte Suprema ya no se refería al deber para con su país sino a los «beneficios inherentes» que se derivaban de ser ciudadano.

¿Y qué es lo que ocurre en España?

Por otra parte, en el caso español: «El IRPF somete a gravamen, en términos generales a las personas físicas siguientes: Las que tengan su **residencia habitual** en territorio español». A este respecto, cabe señalar dos excepciones a esta regla general: diplomáticos y/o funcionarios que residen en el extranjero y españoles que viven en paraísos fiscales.

INGRESOS PASIVOS — UNA MODALIDAD EXCLUIDA DE LAS DEMÁS MODALIDADES

Antes de 1986, todos los ingresos recibidos por un contribuyente del impuesto sobre la renta en EE. UU. se clasificaban como ingresos de trabajo o ingresos de cartera.

Antes de 1986: Fuentes de ingreso,
impuesto sobre la renta estadounidense

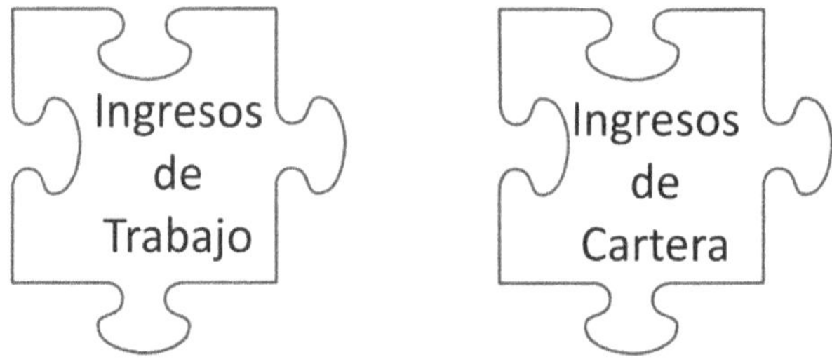

Fuentes de ingreso. Impuesto sobre la renta
individual estadounidense antes de 1986

Fuentes de ingreso: Estados Unidos antes de 1986 y España actualmente

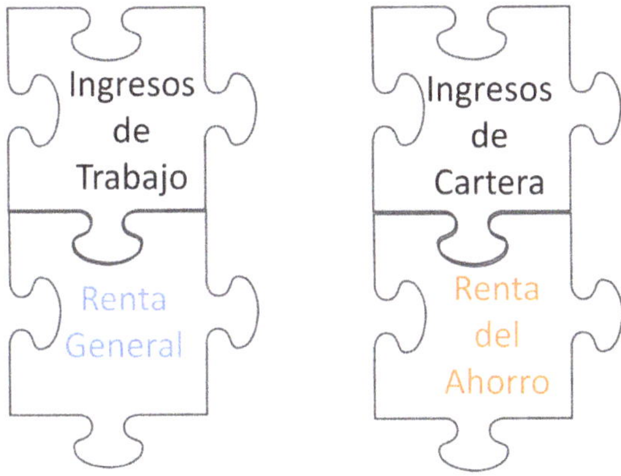

Fuentes de ingreso: EE.UU. (antes de 1986) y España (actualmente)

En 1986, con el fin de limitar la capacidad de los contribuyentes de altos ingresos para manipular sus ingresos imponibles generando pérdidas para compensar otros ingresos, el Congreso estadounidense adoptó nuevas normas fiscales, creándose una nueva categoría de ingresos: «ingresos pasivos». Los ingresos pasivos incluyen ingresos generados por inversiones en bienes raíces, actividades de alquiler e ingresos generados por entidades comerciales cuando el propietario no participa materialmente en la realización de ese negocio.

A partir de 1986, todos los ingresos o pérdidas recibidos por un contribuyente deben pertenecer a una de estas tres modalidades: activo, de cartera o pasivo.

Después de 1986: Fuentes de ingreso, impuesto sobre la renta estadounidense

Fuentes de ingreso estadounidenses a partir de 1986

Mientras tanto, en el IRPF ni las categorías de ingresos ni sus componentes han cambiado como puede ver a continuación:

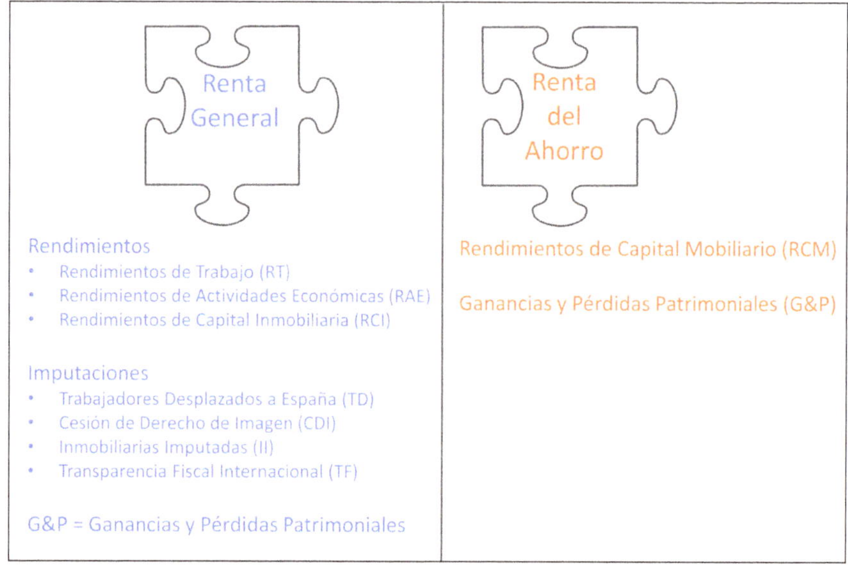

Fuentes de ingreso en España.

Como se muestra en el siguiente gráfico, los cambios que llevó a cabo el Congreso estadounidense en 1986 rompieron la sincronía que existía entre los sistemas tributarios de los dos países en cuanto a la renta de las personas físicas. A partir de 1986, las piezas del rompecabezas español deben dividirse para poder encajar en las nuevas categorías americanas.

El esquema para encajar el IRPF con el impuesto sobre la renta estadounidense

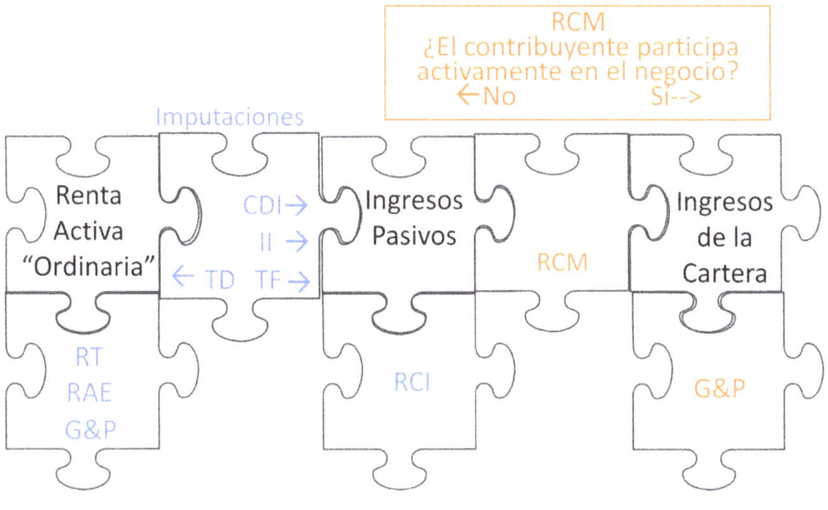

Fuentes de ingreso. Impuesto sobre la renta individual a partir de 1986 en EE.UU. y España.

En EE.UU. desde 1986, si las pérdidas pasivas de un contribuyente son mayores que sus ganancias pasivas en un año fiscal, las pérdidas excedentes se suspenden y no se pueden utilizar hasta un año fiscal futuro, cuando las actividades pasivas del contribuyente generen ganancias (ingresos) o cuando se venda o se deshaga de la actividad que generó la pérdida, tal y como se observa en el siguiente gráfico.

Los «Ingresos Pasivos» no se pueden compensar con otras categorías de fuentes de impuesto.

Hay excepciones a las reglas de pérdida de actividad pasiva que brindan oportunidades de planificación fiscal en EE.UU. Por lo tanto, es importante que los españoles residentes en EE.UU se familiaricen con estas reglas. El mejor ejemplo de esto es que existe una excepción para personas físicas que permite la deducción de hasta $25.000 en alquileres de bienes raíces contra otras formas de ingresos.

¿Y qué es lo que ocurre en España?

Tanto en la Renta General como en la Renta del Ahorro, hay oportunidades a integrar y compensar las rentas entre sí. Es otra muestra de que los españoles saben ceder mejor que los americanos.

Si las Ganancias y Pérdidas Patrimoniales resultan negativas, sí que pueden compensarse entre las otras rentas...

Renta General

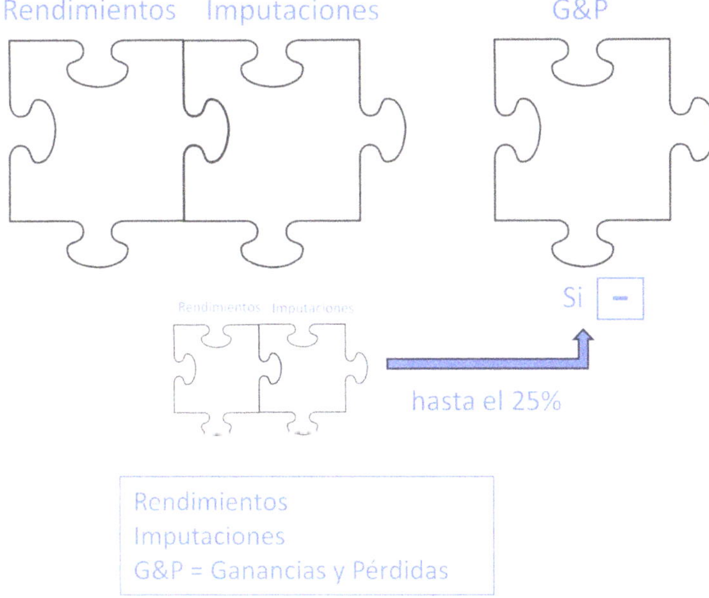

La Renta General española puede compensarse

…mientras en Renta del Ahorro, se pueden compensar libremente entre modalidades

Renta del Ahorro

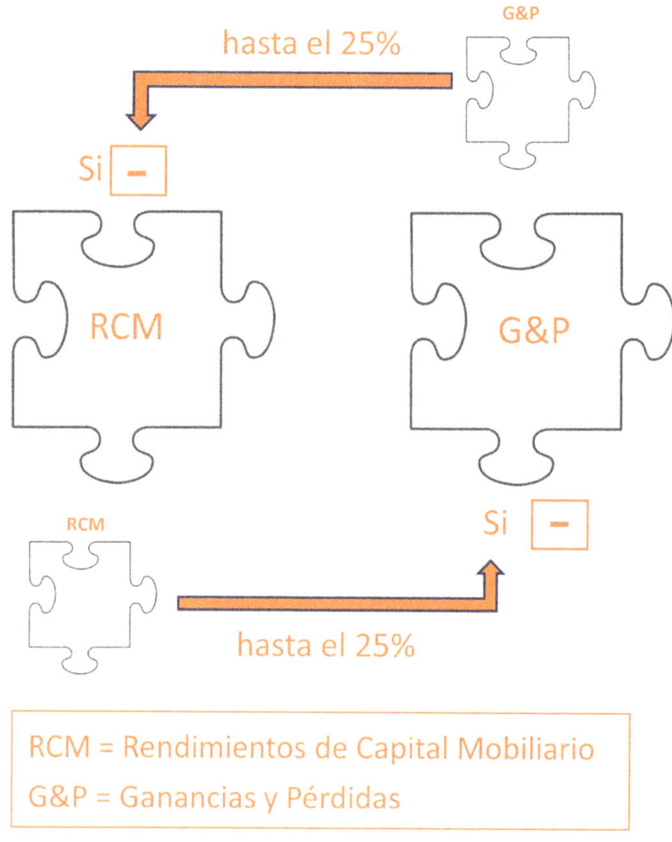

La Renta del Ahorro español puede compensarse

Para un español acostumbrado a incluir sólo dos categorías de renta como parte de sus impuestos, encontrar esta tercera modalidad puede resultar un ajuste difícil.

ASPECTOS EN LOS IMPUESTOS ESTADOUNIDENSES ÚNICOS

Tal y como hay aspectos en los impuestos españoles que no se dan en EE.UU, también hay aspectos en los impuestos americanos que podrían resultar totalmente ajenos a los ciudadanos españoles ya que no existen en el territorio español. Para entender esto, a continuación se muestran y explican algunos ejemplos:

LA LÍNEA

¿A qué línea se refiere? La línea son los ingresos brutos ajustados (*Adjusted Gross Income* o *AGI* por sus siglas en inglés) del formulario estatal estadounidense 1040.

INGRESOS AMPLIAMENTE DEFINIDOS	$XXX
Menos: exclusiones	(XX)
INGRESOS BRUTOS	$XXX
Menos: deducciones para AGI	(XX)
ADJUSTED GROSS INCOME: LA LÍNEA	$XX
Menos: deducciones de AGI	(XX)
INGRESO IMPONIBLE	$XXX
IMPUESTO SOBRE LA RENTA IMPONIBLE	$XX
Menos: créditos	(X)
IMPUESTO ADEUDADO O (REEMBOLSO ADEUDADO)	$X

La línea: los ingresos brutos ajustados (*AGI*).

Las deducciones del impuesto sobre la renta en EE. UU. se restan del ingreso bruto para llegar al ingreso imponible. Dichas deducciones se dividen en dos categorías básicas: deducciones por encima de la línea (**para** *AGI*) y deducciones por debajo de la línea (**de** *AGI*).

AGI es importante porque los cálculos para muchos créditos y deducciones fiscales dependen del AGI del contribuyente. Algunos ejemplos son:

- Deducción de intereses de préstamos estudiantiles
- Créditos tributarios por hijos
- Crédito fiscal por adopción
- Crédito fiscal para la educación
- Deducciones detalladas

¿Cómo son estas deducciones como un Menú del día?

Una manera de explicar las deducciones por encima de —y por debajo de— la línea es a través del ejemplo de la carta de un menú del día en cualquier restaurante español, pero con ciertas diferencias. Al igual que el comensal elige el primer plato, el pagador lo primero que hace es tomar sus deducciones por encima de la línea. Mientras que un convidado escoge un único plato, un contribuyente puede elegir más de una deducción de este tipo. La mayoría de dichas deducciones por encima de la línea proviene de gastos de actividades comerciales y de inversión, pero también se permiten algunas deducciones para los tributarios individuales. Ejemplos de ello son: deducciones de IRA —*Individual Retirement Account*, en inglés— e intereses de préstamos estudiantiles —*Interest On Student Loans*—.

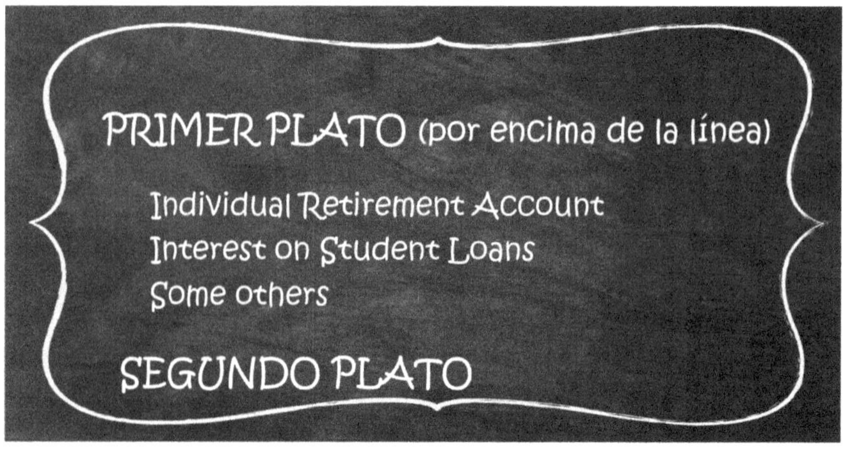

Ejemplo de Por encima de la línea: el primer plato.

Las deducciones por debajo de la línea

Por debajo de la línea algunos tributarios pueden elegir entre: 1) Deducción estándar (*Standard Deduction* en inglés) o bien 2) Deducciones detalladas (*Itemized Deductions*). Al igual que con el segundo plato en un restaurante —aunque suele haber más de una opción, el comensal se queda con uno—, asimismo un contribuyente solo escoge una opción por debajo de la línea, la cual le reportará un beneficio fiscal. ¿Cuál es más beneficioso para seleccionar? Depende de las circunstancias fiscales de cada individuo. ¿Todos los pagadores pueden elegir cualquiera de las dos alternativas? La respuesta es no, ya que no todos los contribuyentes son elegibles para utilizar las deducciones detalladas. Sin embargo, todos los tributarios pueden acogerse a la deducción estándar, que es la misma cantidad para cada contribuyente.

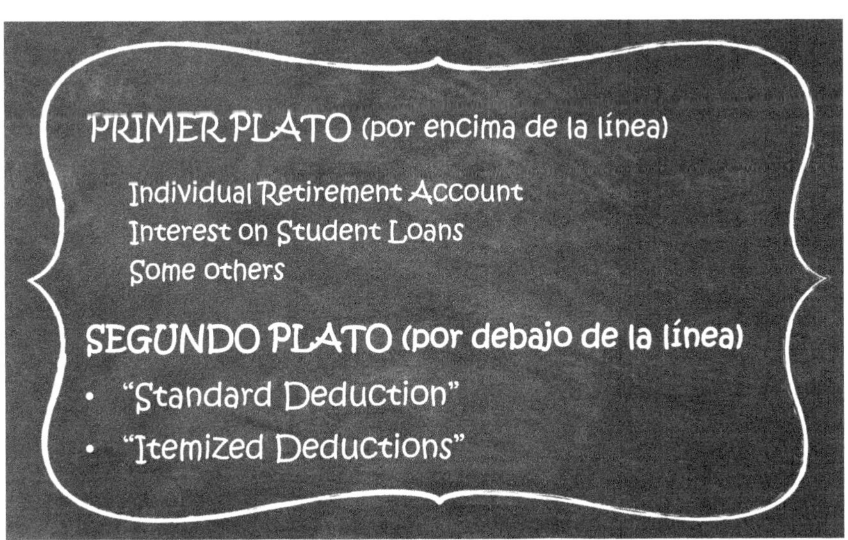

Ejemplo de Por debajo de la línea: el segundo plato.

Si el tributario elige las deducciones detalladas como segundo plato, algunos de los ingredientes más comunes serán los siguientes:

1. Los gastos médicos y dentales. Estos gastos son deducibles si superan el 7,5% del AGI —la línea— e incluyen primas de seguro médico, y las facturas médicas, dentistas, hospitales, etc.
2. Los impuestos pagados a otras entidades. Esta deducción está limitada a 10.000$ por año. Entre los impuestos deducibles más comunes se encuentran los impuestos estatales y locales sobre bienes raíces, los impuestos estatales y locales sobre la renta y los impuestos estatales y locales sobre la propiedad.
3. Los intereses pagados. El interés de la hipoteca de la vivienda habitual es el interés deducible más común.
4. Las donaciones a organizaciones benéficas. Las contribuciones y donaciones a organizaciones benéficas calificadas son consideradas como una deducción.

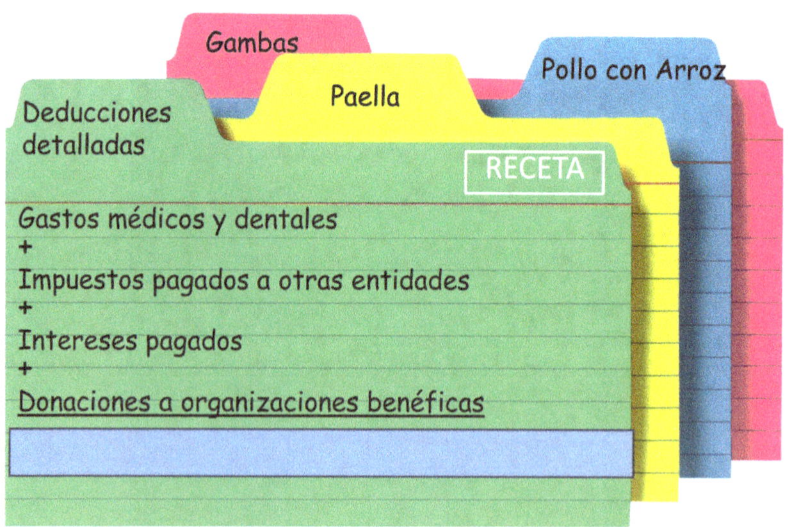

La receta para las deducciones detalladas.

Ahora el contribuyente sabe cuáles podrían ser sus deducciones detalladas. Entonces, si compara la suma de estas con la deducción estándar correspondiente podrá saber cuál es mayor y, por consiguiente, cuál debe elegir. Puesto que se trata de un impuesto, los contribuyentes buscan la mayor cantidad de deducciones posible para reducir su base imponible.

Al igual que en el restaurante, los tributarios quieren elegir el menú de mayor calidad por el precio más económico. Algunos contribuyentes pueden tener pocas deducciones detalladas, si es que tienen alguna; otros pueden tener muchas. En el caso de un español residente en EE.UU, vale la pena comparar ambos escenarios. Tomar la deducción estándar es más sencillo y ahorra tiempo, mientras que detallar las deducciones requiere un mayor mantenimiento de registros, organización y tiempo.

Pero entonces, ¿qué deducción es mejor: por encima o por debajo de la línea?

Debido a las limitaciones impuestas a las deducciones detalladas, como «pisos», «techos» y eliminaciones graduales (*Phaseouts* en inglés), las deducciones por encima de la línea comúnmente se consideran más ventajosas para el contribuyente. Además, dichas deducciones reducen el AGI del contribuyente antes de utilizarlo en algunos cálculos de créditos y de otros tipos de deducciones, como se ilustra más abajo, en el siguiente apartado, en el ejemplo de una deducción para una contribución a su IRA por parte de un tributario.

PHASEOUTS

Reducen gradualmente —y eventualmente eliminan— el monto de ciertas exenciones fiscales a las que un contribuyente puede acogerse; esto es, a medida que gana más, tendrá una menor posibilidad de reducir los impuestos. Con el tiempo, las personas con altos ingresos quedan descalificadas por completo para reclamar estas deducciones o créditos fiscales.

Un ejemplo de *Phaseouts* y del uso de AGI en el cálculo de una deducción:

Para un tributario que está cubierto por un plan de jubilación de su empleador, el siguiente gráfico muestra los límites de deducción de IRA en 2023 y el efecto del AGI en la deducción (los contribuyentes que no son participantes en planes de jubilación de su empleador no están sujetos a dichos *Phaseouts*):

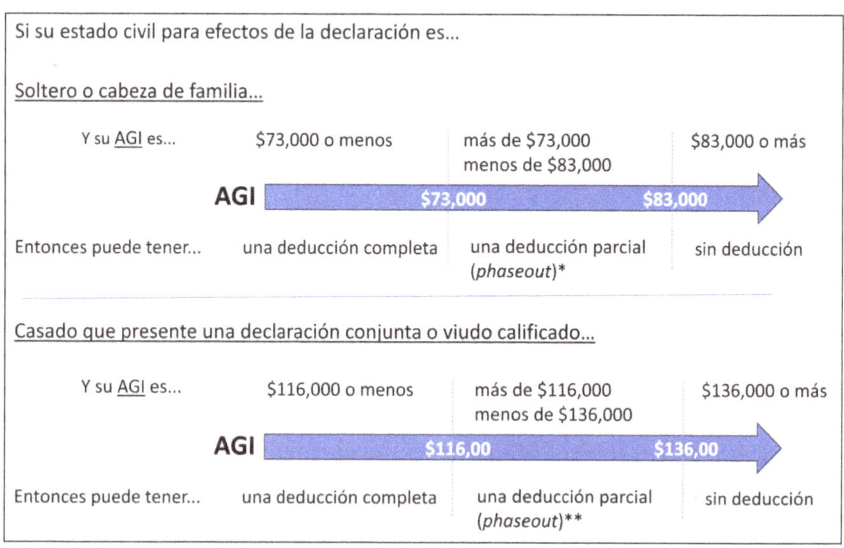

El cálculo de una deducción IRA teniendo en cuenta *phaseout*. Se espera que el tributario contribuya al plan de jubilación de su empleador. Los números AGI son AGI modificados. Se muestran los límites para el año 2023. Fuente: Web de la Hacienda estadounidense

Cálculo de la deducción IRA sujeta a *Phaseout*:

*Deducción = Límite de contribución x $\dfrac{\text{AGI - Límite inferior}}{\$10,000}$

**Deducción = Límite de contribución x $\dfrac{\text{AGI - Límite inferior}}{\$20,000}$

A continuación, se muestran dos ejemplos de cómo la deducción IRA está sujeta a *Phaseout*:

EJEMPLO 1:

Jorge es soltero, tiene 41 años, y es participante activo en el plan de jubilación calificado de su empleador. Su AGI es de $78,000 y él contribuyó la máxima a su IRA tradicional en 2023 ($6,500).

$$\text{Deducción} = \$6,500 \times \frac{\$78,000 - \$73,000}{\$10,000} = \mathbf{\$3,250}$$

EJEMPLO 2:

María y Juan, ambos de 36 años, presentan una declaración conjunta de matrimonio y tienen un AGI de $120,000. Ambos son participantes activos en planes de jubilación calificadas con sus empleadores y cada uno hizo la contribución máxima ($6,500) a una IRA tradicional en 2023.

$$\text{Deducción} = \$6,500 \times \frac{\$120,000 - \$116,000}{\$20,000} = \mathbf{\$1,300}$$

Así, María y Juan pueden deducir cada uno $1,300.

BASIS

En los Estados Unidos, los ingresos de una persona están sujetos al impuesto sobre la renta (*Income Tax*) sola una vez. La porción de la renta retenida después de pagar dicho impuesto se llama *capital*, y no está sujeto a ningún otro impuesto sobre la renta.

Cuando se adquiere un activo se determina su *basis*, el cual se puede ajustar, bien hacia arriba o bien hacia abajo:

- Se incrementa al agregar dinero adicional a la inversión

- Disminuye con el objetivo de mostrar la devaluación del activo, por una parte; y/o cuando se retira capital de una inversión reflejando que el contribuyente ha recibido un reembolso de parte de su capital, por la otra.

Gracias a esto, cuando se vende una inversión, el inversor puede recuperar su *Basis* libre de impuestos. Únicamente la cantidad recibida en exceso de su *Basis* está sujeta al impuesto sobre la renta. El propósito de *Basis* es realizar un seguimiento del dinero después de que la persona inversora haya pagado sus impuestos correspondientes para que, una vez que se venda esa inversión, los ingresos no se graven dos veces.

¿Y qué es lo que ocurre en España?

Un estadounidense residente en España que gasta una cantidad significativa de dinero en reconstruir su casa —haciendo un gran esfuerzo para documentar diligentemente estos gastos—se lleva las manos a la cabeza cuando vende la casa y descubre que tendrá que pagar impuestos sobre la diferencia entre el precio de venta y el precio que pagaron en el momento de la adquisición. El concepto fiscal estadounidense de *Basis* no se aplica en España.

Basis es el método, dentro del sistema de impuesto sobre la renta estadounidense, para realizar un seguimiento de *Capital* en una inversión que se utiliza de tres maneras diferentes: En primer lugar, como se acaba de explicar, se usa para determinar la ganancia o pérdida de una inversión cuando esta se vende; el inversor resta su *Basis* del producto de las ventas de la inversión para determinar la ganancia o pérdida imponible. En segundo lugar, se emplea para detallar las deducciones por depreciación que un inversor puede asumir sobre una inversión. Por último, se utiliza *Basis* para determinar la cantidad que un,-a inversor,-a tiene «en riesgo» (*At Risk*, en inglés), lo que limita las deducciones por pérdidas a afectos del impuesto sobre la renta, según las reglas de «actividad pasiva» y *At Risk*.

En 1986, el Congreso impuso tres nuevas limitaciones a las deducciones que surgían de las pérdidas de «actividad pasiva» (ya explicada anteriormente en este capítulo): la limitación sobre *Basis*, la limitación *At Risk* y las reglas de pérdida de actividad pasiva. El objetivo es restringir o limitar la deducibilidad actual de las pérdidas resultantes de actividades pasivas. Cuando un contribuyente genera una pérdida pasiva, cada una de estas limitaciones debe aplicarse según el siguiente orden preestablecido:

1. Limitación sobre *Basis*: la pérdida máxima permitida que el contribuyente puede deducir es igual a su *Basis* en la inversión.

2. Una vez aplicada la regla *Basis* a la pérdida de la actividad, se debe cumplir una segunda prueba para poder reclamar una deducción por pérdida: el contribuyente no puede deducir de la declaración de impuestos de este año sin tener en cuenta el monto *At Risk* que tiene en la inversión. Las reglas sobre *At Risk* son complicadas y a menudo hacen uso del cálculo de *Basis*.

3. La regla de pérdida de actividad pasiva —cualquier actividad en la que el contribuyente no participa materialmente— establece que las pérdidas pasivas sólo pueden compensarse con ganancias pasivas.

LA TERMINOLOGÍA QUE NOS ENGAÑA: *AMT*

Santillana del Mar es un municipio y una villa en Cantabria y se la conoce popularmente con el sobrenombre de *La villa de las tres mentiras*, puesto que según el dicho popular «ni es santa, ni es llana, ni tiene mar». Es verdad que no tiene mar la villa, aunque su municipio sí que lo tiene. Por lo cual, tal vez un mejor apodo sería el de *La villa cuyo nombre suena mejor de lo realmente que es.*

Paralelamente, hay un término en la fiscalidad estadounidense que también suena mejor de lo que realmente es: el impuesto mínimo alternativo (*Alternative Minimum Tax* o *AMT*).

AMT fue promulgado en 1986 para frenar los abusos de los contribuyentes de altos ingresos que intentaban minimizar su obligación tributaria en cuanto al impuesto sobre la renta. Es un impuesto que se suma al impuesto sobre la renta regular para ciertas personas, patrimonios y fideicomisos. AMT se calcula tomando el ingreso ordinario y agregando elementos y créditos no permitidos; como, por ejemplo, deducciones de impuestos estatales y locales, intereses sobre ciertos bonos emitidos por municipios o estados, una ventaja fiscal de las opciones de compra de acciones, créditos fiscales extranjeros y deducciones de intereses de hipotecas para la vivienda. Esto amplía la base de hechos imponibles.

AMT es un término exagerado porque no es ninguna «alternativa» y debe usarse para calcular la obligación tributaria. Paralelamente, tampoco es un «mínimo», puesto que la imposición de AMT significa que el contribuyente tendrá que pagar más impuestos que los calculados a través del sistema de impuesto estándar. En definitiva, AMT está diseñado para cambiar el momento de los pagos de impuestos, aunque en algunos casos la imposición de AMT resulta en un aumento permanente de los impuestos.

Los contribuyentes suelen ser de la opinión de que por lo general es preferible pagar menos impuestos ahora y aplazar la obligación tributaria en el futuro. Las haciendas, generalmente, son de la opinión contraria: la recaudación de más dinero hoy da a los gobiernos más recursos y reduce la necesidad de endeudarse. El AMT se aplica a todos, pero sin embargo no crea impuestos adicionales para todos. No aumenta la obligación tributaria de un contribuyente no afectado.

Cuando un contribuyente prepara su declaración de impuestos sobre la renta, debe completar dos cálculos de impuestos: el impuesto regular y el AMT. El primer cálculo utiliza el formulario 1040 junto con el sistema tributario regular:

Form **1040** Department of the Treasury – Internal Revenue Service
U.S. Individual Income Tax Return 20**23** | OMB No. 1545-0074 | IRS Use Only – Do not write or staple in this space.

For the year Jan. 1–Dec. 31, 2023, or other tax year beginning _______ , 2023, ending _______ , 20 _____ | See separate instructions.

Your first name and middle initial	Last name
If joint return, spouse's first name and middle initial	Last name
Home address (number and street). If you have a P.O. box, see instructions.	Apt. no.
City, town, or post office. If you have a foreign address, also complete spaces below.	State	ZIP code
Foreign country name	Foreign province/state/county	Foreign postal code

Your social security number

Spouse's social security number

Presidential Election Campaign
Check here if you, or your spouse if filing jointly, want $3 to go to this fund. Checking a box below will not change your tax or refund.
☐ You ☐ Spouse

Filing Status
Check only one box.

☐ Single ☐ Married filing jointly (even if only one had income) ☐ Married filing separately (MFS) ☐ Head of household (HOH) ☐ Qualifying surviving spouse (QSS)

If you checked the MFS box, enter the name of your spouse. If you checked the HOH or QSS box, enter the child's name if the qualifying person is a child but not your dependent.

Digital Assets
At any time during 2023, did you: (a) receive (as a reward, award, or payment for property or services); or (b) sell, exchange, or otherwise dispose of a digital asset (or a financial interest in a digital asset)? (See instructions.) ☐ Yes ☐ No

Standard Deduction
Someone can claim: ☐ You as a dependent ☐ Your spouse as a dependent
☐ Spouse itemizes on a separate return or you were a dual-status alien

Age/Blindness You: ☐ Were born before January 2, 1959 ☐ Are blind **Spouse:** ☐ Was born before January 2, 1959 ☐ Is blind

Dependents (see instructions):

(1) First name Last name	(2) Social security number	(3) Relationship to you	(4) Check the box if qualifies for (see instructions): Child tax credit	Credit for other dependents
			☐	☐
			☐	☐
			☐	☐
			☐	☐

If more than four dependents, see instructions and check here ☐

Income

Attach Form(s) W-2 here. Also attach Forms W-2G and 1099-R if tax was withheld.

If you did not get a Form W-2, see instructions.

1a	Total amount from Form(s) W-2, box 1 (see instructions)		1a
b	Household employee wages not reported on Form(s) W-2		1b
c	Tip income not reported on line 1a (see instructions)		1c
d	Medicaid waiver payments not reported on Form(s) W-2 (see instructions)		1d
e	Taxable dependent care benefits from Form 2441, line 26		1e
f	Employer-provided adoption benefits from Form 8839, line 29		1f
g	Wages from Form 8919, line 6		1g
h	Other earned income (see instructions)		1h
i	Nontaxable combat pay election (see instructions)	1i	
z	Add lines 1a through 1h		1z

Attach Sch. B if required.

2a	Tax-exempt interest	2a	b Taxable interest		2b
3a	Qualified dividends	3a	b Ordinary dividends		3b
4a	IRA distributions	4a	b Taxable amount		4b
5a	Pensions and annuities	5a	b Taxable amount		5b
6a	Social security benefits	6a	b Taxable amount		6b
c	If you elect to use the lump-sum election method, check here (see instructions) ☐				
7	Capital gain or (loss). Attach Schedule D if required. If not required, check here ☐				7
8	Additional income from Schedule 1, line 10				8
9	Add lines 1z, 2b, 3b, 4b, 5b, 6b, 7, and 8. This is your **total income**				9
10	Adjustments to income from Schedule 1, line 26				10
11	Subtract line 10 from line 9. This is your **adjusted gross income**				11
12	**Standard deduction or itemized deductions** (from Schedule A)				12
13	Qualified business income deduction from Form 8995 or Form 8995-A				13
14	Add lines 12 and 13				14
15	Subtract line 14 from line 11. If zero or less, enter -0-. This is your **taxable income**				15

Standard Deduction for—
- Single or Married filing separately, $13,850
- Married filing jointly or Qualifying surviving spouse, $27,700
- Head of household, $20,800
- If you checked any box under Standard Deduction, see instructions.

For Disclosure, Privacy Act, and Paperwork Reduction Act Notice, see separate instructions.   Cat. No. 11320B   Form **1040** (2023)

El formulario 1040 (anverso).

Form 1040 (2023)   Page 2

Tax and Credits	16	Tax (see instructions). Check if any from Form(s): 1 ☐ 8814 2 ☐ 4972 3 ☐ ________	16	
	17	Amount from Schedule 2, line 3	17	
	18	Add lines 16 and 17	18	
	19	Child tax credit or credit for other dependents from Schedule 8812	19	
	20	Amount from Schedule 3, line 8	20	
	21	Add lines 19 and 20	21	
	22	Subtract line 21 from line 18. If zero or less, enter -0-	22	
	23	Other taxes, including self-employment tax, from Schedule 2, line 21	23	
	24	Add lines 22 and 23. This is your **total tax**	24	
Payments	25	Federal income tax withheld from:		
	a	Form(s) W-2	25a	
	b	Form(s) 1099	25b	
	c	Other forms (see instructions)	25c	
	d	Add lines 25a through 25c		25d
If you have a qualifying child, attach Sch. EIC.	26	2023 estimated tax payments and amount applied from 2022 return		26
	27	Earned income credit (EIC)	27	
	28	Additional child tax credit from Schedule 8812	28	
	29	American opportunity credit from Form 8863, line 8	29	
	30	Reserved for future use	30	
	31	Amount from Schedule 3, line 15	31	
	32	Add lines 27, 28, 29, and 31. These are your **total other payments and refundable credits**		32
	33	Add lines 25d, 26, and 32. These are your **total payments**		33
Refund	34	If line 33 is more than line 24, subtract line 24 from line 33. This is the amount you **overpaid**		34
	35a	Amount of line 34 you want **refunded to you.** If Form 8888 is attached, check here ☐		35a
Direct deposit? See instructions.	b	Routing number	c Type: ☐ Checking ☐ Savings	
	d	Account number		
	36	Amount of line 34 you want **applied to your 2024 estimated tax**	36	
Amount You Owe	37	Subtract line 33 from line 24. This is the **amount you owe.** For details on how to pay, go to *www.irs.gov/Payments* or see instructions		37
	38	Estimated tax penalty (see instructions)	38	

Third Party Designee

Do you want to allow another person to discuss this return with the IRS? See instructions   ☐ **Yes. Complete below.**   ☐ **No**

Designee's name   Phone no.   Personal identification number (PIN)

Sign Here

Under penalties of perjury, I declare that I have examined this return and accompanying schedules and statements, and to the best of my knowledge and belief, they are true, correct, and complete. Declaration of preparer (other than taxpayer) is based on all information of which preparer has any knowledge.

| Your signature | Date | Your occupation | If the IRS sent you an Identity Protection PIN, enter it here (see inst.) |

Joint return? See instructions. Keep a copy for your records.

| Spouse's signature. If a joint return, **both** must sign. | Date | Spouse's occupation | If the IRS sent your spouse an Identity Protection PIN, enter it here (see inst.) |

Phone no.   Email address

Paid Preparer Use Only

Preparer's name	Preparer's signature	Date	PTIN	Check if: ☐ Self-employed
Firm's name			Phone no.	
Firm's address			Firm's EIN	

Go to *www.irs.gov/Form1040* for instructions and the latest information.   Form **1040** (2023)

El formulario 1040 (reverso).

El segundo cálculo emplea el formulario 6251 junto con el impuesto mínimo alternativo. El tributario es responsable de pagar **el mayor** de los dos cálculos.

Form **6251**

Department of the Treasury
Internal Revenue Service

Alternative Minimum Tax—Individuals

Go to *www.irs.gov/Form6251* for instructions and the latest information.
Attach to Form 1040, 1040-SR, or 1040-NR.

OMB No 1545-0074

2022

Attachment Sequence No. **32**

Name(s) shown on Form 1040, 1040-SR, or 1040-NR

Your social security number

Part I **Alternative Minimum Taxable Income** (See instructions for how to complete each line.)

1	Enter the amount from Form 1040 or 1040-SR, line 15, if more than zero. If Form 1040 or 1040-SR, line 15, is zero, subtract line 14 of Form 1040 or 1040-SR from line 11 of Form 1040 or 1040-SR and enter the result here. (If less than zero, enter as a negative amount.)	1
2a	If filing Schedule A (Form 1040), enter the taxes from Schedule A, line 7; otherwise, enter the amount from Form 1040 or 1040-SR, line 12	2a
b	Tax refund from Schedule 1 (Form 1040), line 1 or line 8z	2b ( )
c	Investment interest expense (difference between regular tax and AMT)	2c
d	Depletion (difference between regular tax and AMT)	2d
e	Net operating loss deduction from Schedule 1 (Form 1040), line 8a. Enter as a positive amount	2e
f	Alternative tax net operating loss deduction	2f ( )
g	Interest from specified private activity bonds exempt from the regular tax	2g
h	Qualified small business stock, see instructions	2h
i	Exercise of incentive stock options (excess of AMT income over regular tax income)	2i
j	Estates and trusts (amount from Schedule K-1 (Form 1041), box 12, code A)	2j
k	Disposition of property (difference between AMT and regular tax gain or loss)	2k
l	Depreciation on assets placed in service after 1986 (difference between regular tax and AMT)	2l
m	Passive activities (difference between AMT and regular tax income or loss)	2m
n	Loss limitations (difference between AMT and regular tax income or loss)	2n
o	Circulation costs (difference between regular tax and AMT)	2o
p	Long-term contracts (difference between AMT and regular tax income)	2p
q	Mining costs (difference between regular tax and AMT)	2q
r	Research and experimental costs (difference between regular tax and AMT)	2r
s	Income from certain installment sales before January 1, 1987	2s ( )
t	Intangible drilling costs preference	2t
3	Other adjustments, including income-based related adjustments	3
4	**Alternative minimum taxable income.** Combine lines 1 through 3. (If married filing separately and line 4 is more than $776,100, see instructions.)	4

Part II **Alternative Minimum Tax (AMT)**

5	Exemption.	
	IF your filing status is... AND line 4 is not over... THEN enter on line 5...	
	Single or head of household $ 539,900 $ 75,900	
	Married filing jointly or qualifying widow(er) 1,079,800 118,100	
	Married filing separately 539,900 59,050	5
	If line 4 is **over** the amount shown above for your filing status, see instructions.	
6	Subtract line 5 from line 4. If more than zero, go to line 7. If zero or less, enter -0- here and on lines 7, 9, and 11, and go to line 10.	6
7	• If you are filing Form 2555, see instructions for the amount to enter.	
	• If you reported capital gain distributions directly on Form 1040 or 1040-SR, line 7; you reported qualified dividends on Form 1040 or 1040-SR, line 3a; **or** you had a gain on both lines 15 and 16 of Schedule D (Form 1040) (as refigured for the AMT, if necessary), complete Part III on the back and enter the amount from line 40 here.	7
	• **All others:** If line 6 is $206,100 or less ($103,050 or less if married filing separately), multiply line 6 by 26% (0.26). Otherwise, multiply line 6 by 28% (0.28) and subtract $4,122 ($2,061 if married filing separately) from the result.	
8	Alternative minimum tax foreign tax credit (see instructions)	8
9	Tentative minimum tax. Subtract line 8 from line 7	9
10	Add Form 1040 or 1040-SR, line 16 (minus any tax from Form 4972), and Schedule 2 (Form 1040), line 2. Subtract from the result Schedule 3 (Form 1040), line 1 and any negative amount reported on Form 8978, line 14 (treated as a positive number). If zero or less, enter -0-. If you used Schedule J to figure your tax on Form 1040 or 1040-SR, line 16, refigure that tax without using Schedule J before completing this line. See instructions	10
11	**AMT.** Subtract line 10 from line 9. If zero or less, enter -0-. Enter here and on Schedule 2 (Form 1040), line 1	11

For Paperwork Reduction Act Notice, see your tax return instructions.

Form **6251** (2022)

CAA   **62511204**   NTF 2585649

El formulario 6251 (*AMT*).

El contribuyente comienza con su renta imponible del formulario 1040 y le realiza cambios que se denominan *Adjustments* («ajustamientos»); puede aumentar o reducir AMT o *Preferences* («preferencias») que siempre resultan en una adición a AMT.

INGRESOS IMPONIBLES	**$XXX**
Más: *adjustments* que aumentan AMT	XX
Menos: *adjustments* que disminuyen AMT	(XX)
Más: *preferences*	XX
ALTERNATIVE MINIMUM TAXABLE INCOME **(AMTI)**	**$XXX**
Menos: exención de AMT	(XX)
BASE IMPONIBLE AMT	**$XXX**
Multiplicar por el tipo de gravamen aplicable	[x %]
IMPUESTO MÍNIMO TENTATIVO	**$XXX**
Menos: crédito fiscal extranjero	(XX)
Menos: obligación tributaria regular (formulario 1040)	(XXX)
IMPUESTO MÍNIMO ALTERNATIVO (AMT)	**$XX**

Pasos para calcular el *AMT*.

GLOSARIO

Actividad pasiva	Cualquier actividad en la que el contribuyente no participa materialmente y que sea una *Limited Partnership Interest* o una actividad de alquiler (incluso si el contribuyente participa materialmente en la actividad de alquiler).
Adjustments	Al calcular el *AMT*, un contribuyente debe sumar o restar ciertos elementos de los ingresos debido al tratamiento diferente de ellos para el *AMT*. Los elementos que están sujetos a ajuste para los contribuyentes individuales incluyen: Una limitación en las deducciones generales detalladas Gastos médicos Deducción por depreciación Ciertos impuestos estatales, locales y extranjeros.
At Risk Rules	Son reglas que limitan la cantidad de deducciones permitidas que una persona puede reclamar como resultado de participar en actividades específicas, pudiendo resultar en pérdidas financieras.
Basis	Representa ingresos previamente gravados que se invierten en un activo, y que están exentos de impuestos para evitar que el contribuyente esté sujeto a doble imposición sobre el mismo ingreso.
Basis Limitation	La pérdida máxima permitida que el contribuyente puede deducir es igual a su *basis* en la inversión.
Capital	Es la porción de la renta retenida después de pagar el impuesto sobre la renta. Por tanto, no está sujeto a impuestos adicionales sobre la renta ya que en EE.UU. los ingresos de un individuo están sujetos a impuestos solo una única vez.
Foreign Tax Credit	Es un crédito que reciben los estadounidenses en el extranjero para amortiguar el problema de la doble imposición. Reduce el impuesto que un estadounidense que trabaja en España pagaría sobre sus ingresos obtenidos en territorio español, pero no reduciría los impuestos estadounidenses sobre los ingresos obtenidos dentro de EE.UU.

Ingresos pasivos	Ingresos generados por inversiones en bienes raíces, actividades de alquiler e ingresos generados por entidades comerciales cuando el propietario no participa materialmente en la realización de ese negocio.
Intereses de préstamos estudiantiles	El interés de cualquier préstamo estudiantil en poder del Departamento de Educación de EE. UU. puede ser elegible como una deducción por encima de la línea. Sin embargo, los contribuyentes cuyo AGI es superior al monto máximo de *phaseout* no pueden deducir dicho gasto por intereses.
Limited partnership	Es una forma de sociedad que incluye tanto socios generales —responsables de todas las deudas y obligaciones de la sociedad—, como socios comanditarios —solo responsables hasta la medida de su contribución de capital a la sociedad—.
Pérdidas pasivas	Pérdidas provenientes de la conducta de una actividad pasiva; es decir, cualquier actividad en la que el contribuyente no participa materialmente.
Phaseout	Se refiere a la reducción gradual de una deducción o crédito fiscal a la que un contribuyente puede acogerse a medida que sus ingresos se acercan al límite superior que califica esa deducción o crédito fiscal.
«Piso»	Una cantidad mínima que debe excederse antes de que los gastos puedan ser deducibles. Sólo se podrán deducir los gastos superiores al monto mínimo.
Preferences	Son los tipos de ingreso, normalmente recibido libre de impuestos, que pueden activar el impuesto mínimo alternativo para los contribuyentes. Los elementos de preferencia fiscal se agregan a la cantidad de *AMT* en la fórmula de impuestos de la Hacienda estadounidense. Los elementos incluyen: Intereses sobre ciertos bonos emitidos por municipios o estados Exclusiones calificadas para acciones de empresas
«Techo»	Un límite máximo a la cantidad que puede ser deducible. Los gastos sólo son deducibles hasta el importe máximo.

LO QUE FALTA EN EL MAPA ESTADOUNIDENSE

USUFRUCTO, UN ACERTIJO PARA LOS ESTADOUNIDENSES

DENTRO DE LOS CONCEPTOS en el tributo español que no existe en EE.UU., se encuentra el término «Usufructo». Viene del latín —USUS FRUCTUS— y significa «el uso y/o disfrute de una fruta». No existe usufructo en la Ley federal del impuesto sobre la renta de los Estados Unidos, únicamente en los impuestos que se recaudan en el estado de Luisiana, cuyas leyes fiscales se basan en la herencia española y francesa.

Los componentes del pleno dominio en España.

Ante lo ajeno que este término puede resultar para los estadounidenses, una mejor manera de comprenderlo es a través de un ejemplo con la empresa *Starbucks*, ampliamente conocida en el mundo norteamericano. Dentro de la tienda *Starbucks*, hay un cartel que señala el precio de cada tipo de café. Estos precios son como el valor de los bienes —determinado por el valor catastral, el precio de compraventa, o los efectos fiscales— de un activo, equivalente al pleno dominio. Tal y como se observa a continuación en la siguiente imagen:

- Pleno dominio = la taza y el café
- Usufructo = solo el café
- Nuda propiedad = solo la taza

Los componentes del pleno dominio.

E imagine que el café en sí mismo se valorara en función de si fuera solo una oferta de temporada o si bien *Starbucks* siempre sirviera ese tipo de café.

En el caso de tratarse de una oferta de temporada, la fórmula para valorar el café sería un 2% multiplicado por cuantos años se ofrezca en las tiendas *Starbucks* (con un mínimo del 2% y un máximo del 70% del precio en el cartel). Si lo ofreciera de forma permanente, el café sería más valorado por los consumidores de café más jóvenes porque dispondrían de más años en los que disfrutar bebiendo dicho café. En este caso, la fórmula para valorar el café es un 1% multiplicado por la diferencia entre 89 y la edad del cliente de *Starbucks* (con un mínimo del 10% y un máximo del 70% del valor total).

> ## VALORACIÓN DEL USUFRUCTO
>
> **Usufructo temporal:**
> Es igual al número de años que existirá el usufructo multiplicado por 2 por ciento.
>
> **Usufructo vitalicio:**
> Es igual al número 89 menos la edad del usufructario multiplicado por 1 por ciento.

¿Cómo se valora el usufructo?

Si alguien quisiera saber el valor de la taza de café en sí —es decir, la nuda propiedad—, simplemente resta el valor del café (el usufructo) del precio que figura en el cartel: el café y la taza —el pleno dominio—.

VALORACIÓN DE LA NUDA PROPIEDAD

Valor total de los bienes – valor usufructo

¿Cómo se valora la nuda propiedad?

El régimen fiscal especial aplicable a los trabajadores desplazados a territorio español no es aplicable en territorio estadounidense

Otro concepto en el tributo español que no existe en EE.UU. pertenece a «Las personas físicas que adquieran su residencia fiscal en España como consecuencia de su desplazamiento a territorio español por motivos laborales pueden optar por tributar por el Impuesto sobre la Renta de No Residentes manteniendo, sin embargo, la condición de contribuyentes por el IRPF durante el periodo impositivo en que se efectúe el cambio de residencia y los cinco siguientes».

Uno de los beneficios de este régimen, comúnmente conocido como «la Ley Beckham», es que las rentas de la base imponible general se gravan a un tipo casi fijo. Por el contrario, si no fuera aplicable este régimen fiscal especial, se gravaría a un tipo impositivo progresivo que podría llegar hasta casi el 50%.

Si un tributario estuviera aplicando el IRPF regular, pagaría impuestos en España por todos sus ingresos en todo el mundo. Por lo cual, otro de los beneficios de la Ley Beckham es que sólo tributan las rentas locales, es decir, las obtenidas en España. Además, solo tendría que pagar el Impuesto sobre el Patrimonio en España, en su caso, sobre los bienes situados en España.

COEFICIENTE MULTIPLICADOR

«El efecto multiplicador» en el sector de la economía se refiere al efecto sobre el PIB de un aumento exógeno de la demanda. A modo de ejemplo, un caso hipotético en el cual la demanda de inversión aumenta en una empresa. Por consiguiente, las empresas producen más para satisfacer dicha demanda. Como resultado, la demanda de consumo aumenta y las empresas producen más para satisfacer la demanda. Por lo tanto, el ingreso y el producto nacional se incrementan por encima del aumento de la inversión. «El efecto multiplicador» es mayor que uno y a menudo tiene un impacto positivo en la economía y el crecimiento económico.

Por su parte, el efecto «coeficiente multiplicador» en el ámbito de la tributación también es igual o mayor que uno, pero nunca tiene efecto positivo en la cartera del receptor de una donación o una herencia en España. Tal vez un término más descriptivo sería «el coeficiente perjudicial». La cuota tributaria del Impuesto sobre Sucesiones y Donaciones se obtiene aplicando a la cuota íntegra el «coeficiente multiplicador», en función de la cuantía de los tramos del patrimonio preexistente del sujeto pasivo y de su grado de parentesco para obtener la cuota tributaria. El patrimonio preexistente es el conjunto de bienes y derechos que pertenezcan al sujeto pasivo en el momento en que este lleva a cabo la adquisición patrimonial que determina la realización del hecho imponible. El grado de parentesco se computa de acuerdo con las normas generales establecidas por el Código Civil.

En el mejor de los casos, el «coeficiente multiplicador» es igual al mínimo (1) y no tiene ningún efecto sobre el sujeto pasivo. En el peor de los casos posibles, el sujeto pasivo tendrá que pagar una cuota tributaria 2,4 veces más que la cuota íntegra a causa del multiplicador.

para obtener la cuota tributaria

Patrimonio preexistente (€)	Grupos		
	I y II	III	IV
De 0 a 402.678,11	1,0000	1,5882	2,0000
De más de 402.678,11 a 2.007.380,43	1,0500	1,6676	2,1000
De más de 2.007.380,43 a 4.020.770,98	1,1000	1,7471	2,2000
Más de 4.002.770,98	1,2000	1,9059	2,4000

Coeficientes multiplicadores estatales.

¿Y qué es lo que ocurre en Estados Unidos?
Si un español que vive en Estados Unidos procura donar o legar dinero solo a parientes cercanos —que disponen de una riqueza preexistente baja— con el objetivo de minimizar la carga fiscal sobre estos destinatarios, está perdiendo el tiempo: en EE.UU. no existen «coeficientes multiplicadores estatales» basados ni en el parentesco ni tampoco en la riqueza del destinatario.

IMPUESTO SOBRE EL PATRIMONIO (IP)

No existe ningún impuesto sobre el patrimonio en los Estados Unidos. El único impuesto de naturaleza similar —el de gravar la mera posesión de un activo— se aplica de forma muy limitada a los impuestos locales sobre la propiedad, destinados a financiar principalmente escuelas locales, independientemente de si la persona gravada es padre de algún estudiante en el sistema escolar local o no.

En EE. UU., aproximadamente 6.257 millones de familias disponen de 3.700.000€ o más en patrimonio, lo que supone el 4,77%. 41.935 estadounidenses viven en España y en promedio hay 2,6 personas por familia americana, lo que supone aproximadamente 16.129 familias.

De ahí, se puede estimar que aproximadamente 769 familias estadounidenses en España podrían estar sujetas al IP debido a la cantidad de su patrimonio (16.129 familias multiplicado por un 4,77%). Ya que este impuesto no existe en EE.UU., además se puede suponer que dicho impuesto sorprenderá a una buena suma de estas familias.

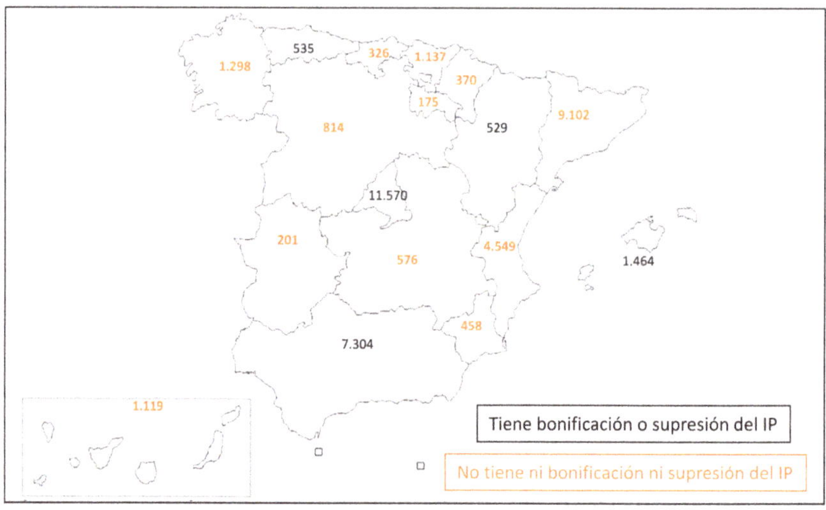

Estadounidenses residentes en España.

Ante lo sorprendente que este impuesto puede resultar para los estadounidenses, «el límite conjunto» que incorpora esta norma sería aún más extraño. Tal vez el uso de su propio formulario 1040 sería una buena manera de comprender el límite conjunto entre el IP y el IRPF que existe en España:

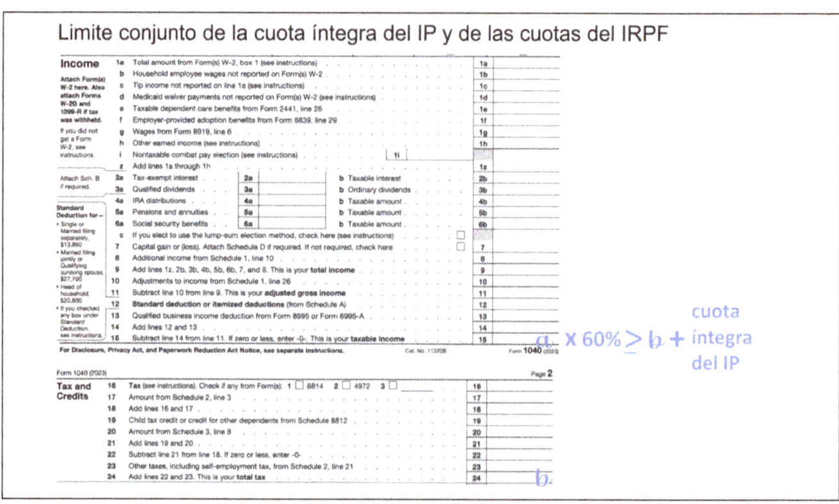

Límite conjunto español interpuesto sobre el
formulario estadounidense 1040.

IMPUTACIÓN DE RENTA ESPAÑOLA NO ES IGUAL QUE LA ESTADOUNIDENSE

La imputación de rentas inmobiliarias por la propiedad de bienes inmuebles que no constituyen la vivienda habitual en España se parece a lo que muestra el siguiente gráfico:

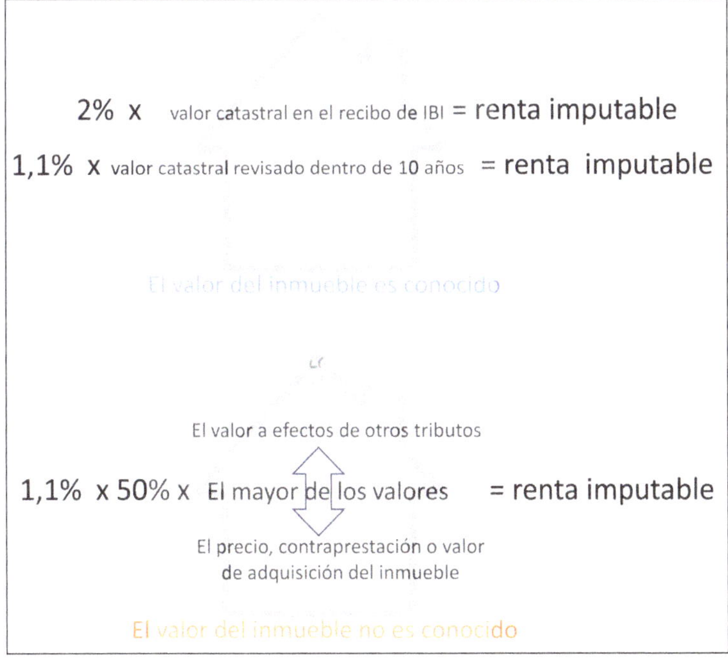

Imputación de renta inmobiliaria en España.

La imputación de rentas inmobiliarias no existe en los Estados Unidos. Una persona rica puede poseer 10 casas y no pagar impuestos sobre las 9 casas que no son su vivienda habitual. Es verdad que dentro de las regulaciones tributarias americanas hay una que se llama «renta imputada». No obstante, esta tiene que ver con los rendimientos de trabajo en especie. Como se puede observar en el siguiente gráfico, este impuesto se denomina de manera similar en España y Estados Unidos, pero grava un hecho imponible totalmente distinto:

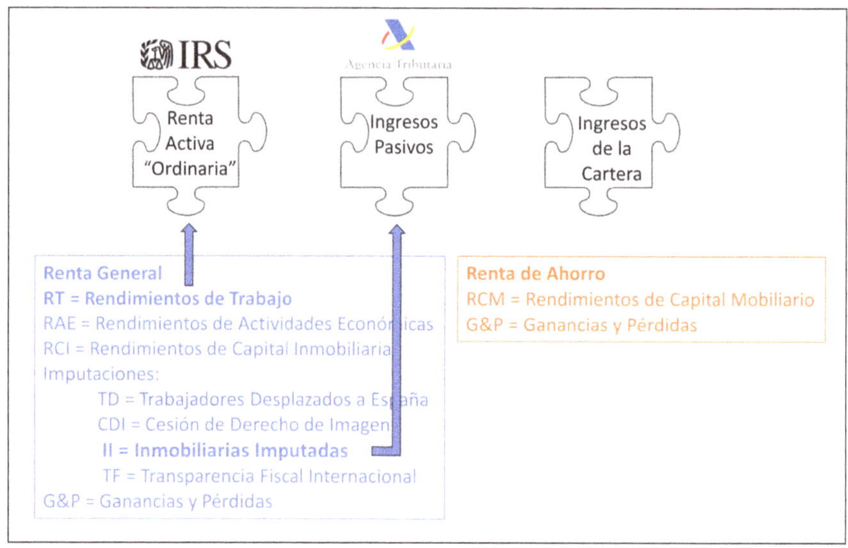

«Renta imputada» en España vs EE.UU.

HERENCIA FORZOSA

La ley de sucesiones española exige que una determinada cantidad de la herencia se deje siempre a los hijos. A esto se le suele denominar «herencia forzosa» y los descendientes deben heredar, al menos, dos tercios de la herencia de sus padres. El primer tercio deberá distribuirse por igual entre todos los hijos u otros descendientes.

En contraposición, en los EE.UU. cualquier propiedad puede dejarse a quien el difunto elija, independientemente de los lazos de consanguinidad. Puede ser una organización benéfica, un vecino o simplemente un amigo cercano.

TRASPASOS DE FONDOS DE INVERSIÓN EN ESPAÑA

En España hay reglas específicas a la hora de intercambiar fondos de inversión. Como explica la Comisión Nacional del Mercado de Valores (CNMV):

«Un elemento relevante de la fiscalidad de los fondos de inversión es que los traspasos entre ellos no tributan [...] El traspaso se articula mediante la suscripción de un nuevo fondo tras el reembolso total o parcial de las participaciones de otro fondo, sin que en ningún momento el importe derivado del reembolso quede a disposición del inversor [...] Las ganancias o pérdidas del reembolso de las antiguas participaciones no se computan en el IRPF. Es lo que se denomina "diferimiento fiscal". De esta forma, es posible ajustar la cartera de inversión sin implicaciones fiscales. Cuando se reembolsen definitivamente las nuevas participaciones, para determinar la ganancia o pérdida patrimonial se tomará como valor y fecha de adquisición el de las participaciones originales. Si tras el reembolso total o parcial de las participaciones de un fondo se suscribe otro nuevo (traspaso) no hay que tributar en ese momento ni se retendrá ningún importe. Este diferimiento fiscal se aplica a los fondos de inversión españoles y a los constituidos en otro país comunitario que estén registrados en CNMV [...] Por el contrario, no se aplica a fondos de inversión cotizados (ETF, por sus siglas en inglés)». (CNMV, Guía a Fiscalidad de los fondos de inversión en el IRPF).

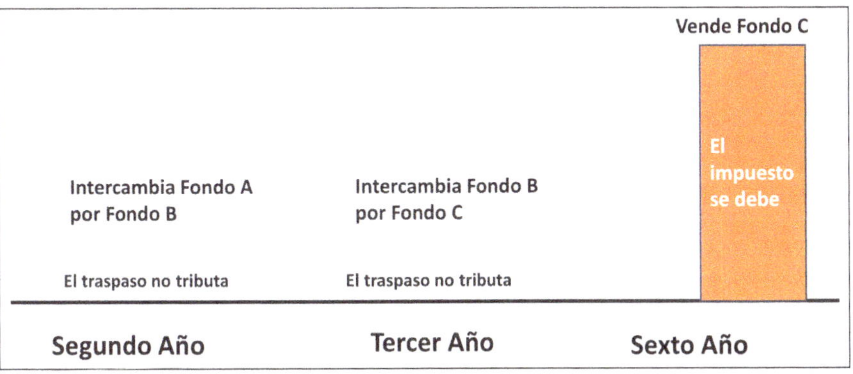

Ejemplo de un intercambio de fondos de inversión en España.

¿Y qué es lo que ocurre en Estados Unidos?

Si un contribuyente se mueve entre fondos de inversión —incluso de la misma gestora de fondos (como *Blackrock* o *Vanguard*, dos de las grandes gestoras americanas)— las transacciones se tratan como cualquier otra compraventa, por lo que el contribuyente debe declararlas y pagar impuestos sobre las ganancias.

¿QUÉ ES LO QUE LES OCURRE A LOS AMERICANOS QUE VIVEN EN ESPAÑA RELACIONADO CON LOS FONDOS DE INVERSIÓN?

Como se explica en el tercer capítulo, la tributación americana está basada en la ciudadanía, no en la residencia de un contribuyente. Esto significa que los estadounidenses que residen en España están sometidos a dos impuestos sobre la renta —españoles y estadounidenses—. Los créditos fiscales extranjeros (*Foreign Tax Credit*, en inglés) que la Hacienda estadounidense pone a disposición de dichos pagadores tienen como objetivo aliviar a los mismos de la doble carga impositiva de los ingresos obtenidos en el extranjero sujetos a impuestos, tanto en los Estados Unidos como en el país extranjero. Este crédito reduce el impuesto estadounidense que un estadounidense en España pagaría por sus ingresos obtenidos en España. El crédito fiscal extranjero es una regla de la Hacienda estadounidense que no se basa en ningún tratado fiscal que exista entre los Estados Unidos y cualquier otro país, como mucha gente piensa erróneamente.

A pesar de que dicho crédito fiscal extranjero existe para eliminar el problema de la doble imposición, desafortunadamente muchos americanos que viven en España no pueden beneficiarse al máximo de esta ventaja fiscal española relacionada con los fondos de inversión.

En lo que respecta al tratamiento fiscal de las ventas de fondos de inversión, la legislación fiscal española permite a un inversor retirar su dinero de un fondo y colocarlo en otro sin consecuencias fiscales actuales. Permite no solo transferir fondos libres de impuestos dentro de una familia de fondos mutuos, sino también de una familia de fondos a otra, e incluso de ciertos tipos de planes de ahorro a fondos mutuos.

Para un estadounidense residente en España, estas transferencias estarían sujetas a impuestos estadounidenses porque no existe ninguna regla estadounidense equivalente para las transferencias de fondos de inversión. Por lo tanto, no hay crédito fiscal extranjero disponible durante esos años en los que se producen las transferencias porque no hay impuestos del lado español, pero sí del lado estadounidense. En el año en que finalmente se vendan los activos del fondo, y no simplemente se coloquen en un fondo diferente, en España se deberá pagar la gran factura fiscal. Entonces, en el año en que habría un gran crédito fiscal extranjero disponible en el lado fiscal estadounidense, sería de poco beneficio porque, al haber sido gravado cada vez que había un intercambio, ese año se pagarían pocos impuestos estadounidenses.

Si, por ejemplo, en el segundo año de mantener el Fondo A en su cartera, un estadounidense en España transfiriera el dinero al Fondo B, y luego nuevamente del Fondo B al Fondo C en el tercer año, y eventualmente vendiera el Fondo C en el sexto año, los efectos del crédito fiscal extranjero se verían así:

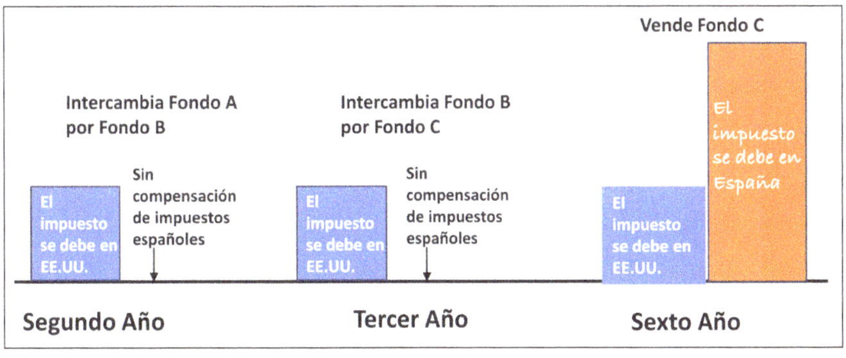

Situación de un estadounidense que reside en España y quiere intercambiar fondos de inversión.

Nota: Afortunadamente, los créditos fiscales extranjeros se pueden trasladar hasta por 10 años, por lo que puede haber una oportunidad de utilizar algunos de esos créditos en los impuestos estadounidenses en años futuros.

CONCLUSIONES

El primer capítulo describe el panorama financiero, tanto en EE.UU. como en España. En el segundo capítulo, hay una discusión de herramientas relacionadas al tributo estadounidense: las ayudas a la «navegación» que ofrecen ventajas fiscales y otras características ventajosas. El tercer capítulo ayuda a los españoles residentes en EE.UU a la hora de pagar impuestos bajo un régimen fiscal ajeno al que ellos conocen. En el último capítulo, se concluye respondiendo a la siguiente pregunta: *¿Qué falta en el mapa estadounidense?* como manera de introducir unas peculiaridades españolas desconocidas al otro lado del charco.

En su conjunto, se cumplen los objetivos de este trabajo: ser breve, sencillo y de gran ayuda.

www.ingramcontent.com/pod-product-compliance
Lightning Source LLC
Chambersburg PA
CBHW061345140726
47997CB00003B/1063